浙江省博物館
ZHEJIANG PROVINCIAL MUSEUM

浙江民间收藏精品走进博物馆系列特展(特集)编审委员会

主　　任：陈　浩
编　　委：王　炬　王屹峰　许洪流　陈　浩　陈　平　李　刚　沈军甫　沈琼华　杨　铿　郑幼明
　　　　　范珮玲　钟凤文　赵幼强　梅丛笑　雍泰岳　蔡小辉　黎毓馨
策　　划：陈　平　王　炬
执行策划：钟凤文

浙江民间收藏精品走进博物馆系列特展之十四

银的历程·中国钱币学会金银货币专委会会员藏品精粹展

主办单位：浙江省博物馆
协办单位：中国钱币学会金银货币专委会
展览时间：2016年1月15日至4月3日
展览地点：浙江省博物馆孤山馆区
展览策划：钟凤文　李晓萍
展品选审：柴眩华　钟凤文　李晓萍　肖志军　方伟　刘翔
内容设计：钟凤文　李晓萍
形式设计：王　炬　周鸿远　钟凤文
特集撰写：李晓萍
特集主编：钟凤文
英文翻译：王伟力
英文校译：林崇诚
文物摄影：李永加

浙江民间收藏精品走进博物馆系列特展

银的历程
——从银两到银元

EVOLUTION OF SILVER
—FROM SYCEE TO SILVER DOLLAR

浙江省博物馆 编

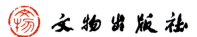
文物出版社

序

货币是具有明确价值并被市场接受和使用的特殊商品。新石器时代晚期，社会生产力得到进一步发展，原始农业、畜牧业和手工业的出现，给社会带来了丰富的剩余物品。以物易物的范围逐步扩大，产生了一种商品经常与其他商品相交换的现象，生产者把自己的商品先换成一种公众都能接受且经常用以交换的商品，然后再换成所需的商品，这种充当交换媒介的商品是货币的原始形态。中国最早的货币是通行于殷商时期的天然海贝，其坚固的外壳、绚丽的光泽、以枚计算的优点，使之较好地履行了货币的职责。商代晚期，精湛的青铜冶铸技术开始应用于货币铸造，出现了直接模仿贝币形状的金属铸币——青铜贝。这是由实物货币向金属货币演变的重要环节，以致在之后的 3000 多年里，一直采用铜、铁铸币，同时贵金属金、银也加入到铸币的行列里。

白银冶炼最早可以追溯到春秋时期。由于银矿不纯，常有铜、铅、硫、锑、砒等相杂，熔炼技术不易掌握，直至春秋战国时期才被人们应用。河北平山战国墓出土的银贝和河南扶沟古城村出土的 18 枚银布币，是迄今发现最早的具有货币形态的银制品。

白银货币——铤出现在唐中期。最初是作为金银坯料，后因其自身的价值，在其形成金银器物之前，也可直接作为贮藏和大宗支付之用，进而逐渐演变为贵金属称量货币。宋金时期，白银的使用范围有所扩大。尤其在政府重要的政治和经济活动中的作用更为突出，成为战争议和赔偿、帝王赏赐臣属、救灾赈济、军费开支、赋税、专卖等重要的有价财物。在民间交易中，白银的用途也很普遍。明代正统元年（1436）以后，用银范围日益扩大，政府不仅在田赋上征银，而且在徭役、专卖收入、商税、矿税、关税等方面都采用以银纳税。清代银锭是在清政府大力提倡"用银为本、用钱为末"的情况下迅速发展起来的。明代中后期以后，外国银元源源不断的大量涌入和明清两代积极开产银矿，为清代推行银两制奠定了坚实的基础。充足的白银存量和各地的自由铸造使银两成为清代国家财政收支的重要媒介和百姓生活中不可缺少的主要通货。

16 世纪，西班牙发现了美洲银矿，源源不断的白银随着东方新航线的开辟由葡萄牙、西班牙等国商人带入中国，他们带着满船的银元来购买中国的茶叶、生丝和瓷器等，同时也换回中国的银锭或生银。整齐划一、以枚计算、方便交易的外国银元逐渐充斥中国的商品交易市场。外国银元以枚计算，有统一的成色及重量标准，交易方便，因而深受中国商民的喜爱，导致西班牙、墨西哥、美国、英国、荷兰、法国、日本等国大量不同种类的银元源源不断地流入中国。道光初年，外国银元不仅在东南沿海诸省畅通无阻，并且已向内地渗透，行用日广。这种匪夷所思的情况使得中国朝野人士忧心忡忡，纷纷提议改革币制，自铸银元以抗衡外国银元的通行。张之洞任两广总督期间，根据当时社会、经济发展的需要，于光绪十三年（1887）二月奏准在广州筹办"广东钱局"。他向英国伯明翰喜敦造币厂订购全套造币机器,聘请外籍技师,于光绪十五年(1889)开始制造广东光绪银币,光绪十六年(1890)流通市场。从而开创了用机器制造白银货币的历史。

许多年来,银元收藏一直钱币爱好者乐于收藏的品种,而银锭基本没有进入钱币研究与收藏的领域,近十余年来,才慢慢进入研究着和收藏者的视野,是钱币研究和收藏的一个新的课题,目前已经得到许多收藏爱好者和研究者的关注并开展研究,也取得了一定的成果。中国钱币学会金银货币专业委员会是浙江省博物馆牵头组建的研究古代、近代金银货币的群众性学术团体组织,其会员遍及全球。"银的历程——从银两到银元",是中国钱币学会金银货币专业委员会汇集了来自大中华地区的30余位金银货币收藏家的收藏精品530余件,由浙江省博物馆策划举办的国内首次以白银货币为主题的展览,也是民间收藏走进博物馆系列展览之十四。展览将以实物为主线,将各朝各代的银锭、银币生动地串联起来,完整地给观众展示一个从原始的银两制度过渡到机制银币的历史,从中了解到白银货币如何从落后的称量货币发展到以枚计算的先进的货币体系、从原始铸造技术发展到先进的机器制造的过程。

浙江省博物馆馆长 陈浩
二零一五年九月

Preface

Money is any clearly identifiable object of value accepted as payment for goods and services within a market. During the late Neolithic age when agriculture and crafting developed, individuals began to specialize in specific crafts and had to depend on others for subsistence goods. The individual that possessed any surplus value of goods exchanged it for something perceived to have similar or greater value or utility. The exchange system of goods is known as barter. In order to extend the capacity of barter transactions the things with the greatest utility and reliability in terms of re-use and re-trading of these things were chosen as a medium of exchange which could be widely accepted. These things were later known as commodity money. The earliest examples of money found in China were cowry shells which were adopted as commodity money more than 3000 years ago. During the late Shang Dynasty bronze copies of cowrie shells were made and used, thus standardized metal coinages began to replace commodity money. Since then bronze copper and iron were used for minting coins together with gold and silver.

Sliver smelting can be dated back to the Spring and Autumn Period circa 770 ~ 476B.C. Due to native forms of sliver in ores containing sulfur, arsenic, antimony or chlorine the work of refining silver in quantity cannot have been an easy process to apply on a large scale until the Bronze Age, Several pieces of silver shell money found at a gravesite in Pingshan County,Hebei province, northern China and 18 pieces of silver spade money were discovered in Gucheng Village, Fugou County, Henan Province in central China, These were the earliest archaeological discovery of silver coinages. Silver ingots or sycees appeared in the middle of the Tang dynasty and were used as materials for precious metal objects initially. Later they were turned into a form of currency as values of precious metal counts for large scale payment and Hoarding.

In the Northern Song and Southern Song Dynasties circa 960~1279 A.D, the use of silver money was extended to political and economic government activities. It played an important role in taxation, military expenditures, disaster relief, as well as purchasing government-monopoly goods, paying war indemnities and rewarding vassal states. It also became popular among ordinary citizens and was ubiquitous in gift and bribe giving and commercial trade and private hoarding. After the ZhengTong period of the Ming Dynasty circa 1436~449 A.D, the currency functions of silver ingot were fully visible in taxes and all economic fields. The government demanded taxes be paid in silver ingots, including land tax, corvee labor, monopoly revenue, commercial tax, mine tax, tariffs, and other taxes. During the Qing Dynasty circa 1644~1911 A.D, silver ingots developed rapidly due to the Qing government's promotion to use silver ingot mainly and copper currency in complement. After the Middle and Late Ming dynasty, large quantities of foreign silver dollars were flowing constantly into China and the Ming and Qing government actively exploited the silver, laying a solid foundation for adopting the silver system. Sufficient silver storage and free coinage in different places made silver ingots the key medium for state financial revenue and expenditure during the Qing Dynasty, and the main currency in people's daily life.

During the 16th Century, the Spanish found silver mines in America. With the establishment of the new route East, large amounts of silver dollars were brought into China by businessmen from Spain, Portugal and other countries to purchase Chinese tea, raw silk, china and other commercial goods. The foreign dollars were uniform and easy to count and trade, and gradually flooded into China's commodity market. During the early period of Dao Guang reign, the foreign silver dollar not only spread freely in the provinces in the southeastern coastal areas, but also made their way into the mainland. Despite these Spanish-Mexican coins and trade coins shared similar specifications of weights and fineness the imperial Chinese court realized that there should be only one standardized indigenously designed coinage used as legal tender rather than continue to use foreign coins in the circulation. Zhang Zhidong, the Viceroy of the Guangdong and Guangxi Provinces ordered the modern coin-minting machinery the Chinese Ambassador in Britain from Ralph Heaton, Birmingham, England. The construction of the Guangdong Coin Bureau was completed in 1889. In the next year Guangdong Coin Bureau struck the new silver coins. Thus the era of coin making machinery and machine-struck coinage has started.

Silver coins were popular among collectors who collected for both hobbies or long term investments. Sycees were getting more popular. Many new research and study results related to sycees have been published during the last decade. The Chinese numismatic society committee of gold and silver currency was established and supported by Zhejiang provincial museum with experienced collector and research fellows across the globe. The exhibition of Evolution of Silver-From Sycee to Silver Dollar organized by Zhejiang provincial museum will open soon and more than 530 objects from 30 expert collectors across the Greater China Region will be displayed. It would be the first exhibition featured the silver money only in China and the 14th general display of private owned antiques in the museum. The exhibition includes examples of Chinese sycees and silver coins through the ages and show the transition of the silver money from weight based cast ingots to machine-struck coinages that formed the base of modern monetary system.

The Curator of Zhejiang province Museum

Chen Hao 9\2015

目　录

综述：从银两到银元

李晓萍

中国早在商周时代就已经掌握了冶炼金银的技术，从那时起，金银一直是财富的代名词，随着人类历史的发展，进而演变为货币的一员。千百年来，金银始终以称量货币的形式活跃在货币历史的舞台上，并以不同的面目出现在人们的面前。

用重量来计算货币的价值是一种非常原始的货币制度。人类最初使用贵金属作为货币的时候，是要将金属打造成一定的形状，使用时要检验其品质，称其重量，然后根据其实际的品质与重量来确定其价值。这种原始的货币形式，一直贯穿了整个金银货币的发展进程，除形状外，丝毫没有实质性的改变。

目前考古发现最早的白银货币实物，是在距今二千多年前的战国时期的。1974年河北平山县战国中山国1号墓出土了数枚形状尺寸均模仿天然海贝的银贝币，1974年河南扶沟古城村出土了18枚形状与原始空首布极为相似银布币。这些银贝和银布币无疑是天然海贝和青铜布币的延伸，具有明显的财富特征，是最早的具有货币形态的白银铸品。

唐代国力鼎盛，经济繁荣，工商业发达，金银自然成为皇室和达官贵人们的奢用品。半个世纪以来，在西安市郊唐大明宫遗址、洛阳隋唐宫城遗址、西安南郊何家村、山西平鲁及江苏丹徒等地发现了具有一定规模的唐代金银窖藏，伴随大量精美金银制品出土的还有为数不少的金银饼和铤，引起了文物专业研究者和收藏爱好者的关注。

唐代银铤有直型和船型两类。目前发现直型的银铤有100两、50两、20两重三种，有錾刻铭文和无铭文之分。唐代船型银铤是唐代银铤中一种特别的形制，其造型接近于倒置的小案，弧底，卷腿。有50两、30两、20两等。通常为素铤，也有部分银铤在底部、侧面、正面錾有简洁的铭文。

錾有铭文的唐代直型银铤发现很少，据各地考古报告统计仅十余件，其中大部分是下级官吏向上级官吏进奉或者高级官吏向皇帝进奉的银铤。其中最引人注目、最为珍贵的，是杨国忠进奉的银铤，目前仅发现5件。1956年西安市郊唐大明宫遗址出土2件最具代表性，第一铤铭文是"专知诸道铸钱使兵部侍郎兼御史中丞臣杨国忠进中散大夫使持节信安郡诸军事检校信安郡太守上柱国尉迟严信安郡专知山官丞议郎行录事参军智庭上天宝十载正月日税山银一铤五十两正"；第二铤铭文是"专知诸道铸钱使兵部侍郎兼御史中丞知度事臣杨国忠进宣城郡和市银一铤五拾两专知官大夫使持节宣城郡诸军事守宣城郡太守上柱国臣苗奉倩天宝十载四月二十九日"。杨国忠在天宝年间任户部侍郎判度支，负责国家财政。《新唐书·杨国忠传》记载："时海内丰炽，州县粟帛举巨万，国忠因言古者二十七年耕，余九年食，今天置太平，请在所出滞积，变轻赍，内富京师。又悉天下义仓及丁租地课，易布帛以充天子禁藏。"[1]这里所说的禁藏，即是内藏，将各地的剩余物品充实内藏。也就是说,杨国忠就把各地征集地方的租税和库存,都换成布帛,进奉给宫廷的内库,由皇帝直接支配使用。从银铤的铭文分析,这两件银铤分别来源于地方政府征收的税山银、和市银,是地方官解缴的国库银,由杨国忠以诸道铸钱使兵部尚书判度支等官职的名义进献给皇上的。天宝以后,地方节度使等地方官吏向皇室、朝廷进奉之风逐渐兴盛。各级地方官员在进奉皇室的白银贡品时,都要在银铤表面鏨刻进献者的官职、姓名,以及进献时间和银铤来源等,以备核查。

唐代银饼极具特色,或鏨刻或墨书铭文,内容涉及铸造部门、人员、重量、年月、白银来源、官员职务姓名、工匠名等等。如1970年西安南郊何家村出土的刻有庸调银字样的十两银饼,铭文分别有"洊县开元十九年庸调银十两专知官令彭崇嗣典梁海匠王定"和"怀集县开十(开元十年)庸调银十两专当官王问乐典陈友匠高童"等两种,皆系庸调税银。

由此可知,唐代白银货币的使用范围非常有限,仅见于把赋税钱物折换成白银和把白银作为财富进献给皇室。然而,税银、贡银只能证明白银是一种支付手段和储存手段,并不具备流通的职能。而且,税银也只是将税钱折换成白银,作为一种便于携带的"轻货"。因此,从这个层面上说,还不能认为是真正意义上的白银货币。

两宋时期,白银的使用范围有所扩大。尤其在政治和经济活动中起到了重要的作用,成为战争议和赔偿、帝王赏赐臣属、救灾赈济、军费开支、赋税、专买等主要财物。在民间交易中,白银的用途也很普遍,在馈赠、行贿、商业贸易、贮藏等方面无不使用。同时,银铤的形制也发生了很大的变化,由直形演变为面大底小的束腰线板形。银铤上的铭文或鏨刻或砸戳,内容反映了当时社会的经济状况及白银使用情况。考古发现北宋银铤的形制有三种,平首束腰、圆首束腰和弧首束腰,以平首多见,北宋银铤的铭文承袭了唐代银铤的风格,采用鏨刻方法,文字较长,内容多为进奉、上贡。如内蒙古巴林右旗出土了一件铭文为"杭州都税院买发转运衙大观元年郊祀银一千两每铤五十两专秤魏中应等左班殿直监杭州都税院郭立"五十两银铤,铭文显示是大观元年杭州都税院上供的祭祀银。

南宋定都临安后,城区人口的迅速增加,各种消费品的需求扩大,不仅促使商业经济的繁荣,还促进了货币形态的多元化,除纸币与铜钱等重要通货外,贵金属白银也作为国家政府的基本财富,在国家税收、专卖制度、海外贸易、地方政府的上供、大宗商业贸易等方面都发挥出重要的作用。1955年湖北黄石市出土了银铤292件,其中155件有铭文,这是南宋银铤出土最集中的一次。之后在浙江杭州、湖州、温州、安徽六安、河南方城、江苏南京、溧阳、湖北黄石、蕲春、四川双流等地都陆续出土了为数不少南宋银铤。这些看似寻常的南宋银铤,透露出金银盐钞交引铺兑换和买卖白银、铸造银铤的很多信息,进而让我们了解到南宋政府和商民使用白银的情况,从商业货币的角度印证了南宋京城临安的富庶和社会经济的繁荣。

南宋银铤形制为弧首束腰形,中间内凹,面四周有波纹,首部略高于腰部,有大铤五十两、中铤二十五两、小铤十二两半之分。实测重量为:大铤在1895~2000克之间,中铤在918~1100克之间,小铤在434~490克之间。正如宋元人胡三省《通鉴释文辨误》讲到的银铤形状:"今人冶银,大铤五十两,中铤半之,小铤又半之,世谓之铤银。"事实上,还发现有六两甚至更小的南宋银铤存世。

南宋银铤铭文多样,根据形式和内容可以分为三类:1. 用刀錾刻的,文字内容较长,通常有40～50字,有的长达一百多字,记录了该银铤上供的时间、地方官署、白银来源、上缴机构或库房、官员官职和姓名、银匠名、重量等。如"全州通判起解宝祐二年冬季银前赴淮西总领所交纳从事郎全州军事推官赵崇达"一共三十五个字。2. 在加盖戳记的银铤上錾刻用项的铭文,显示是在事先铸造好的银铤上加刻铭文,内容也是上供白银的时间、地方官署、白银来源和监督官员的官职和姓名等。如中间戳记是"贾寔 李囗(押记)沈执中 盛镰 京销 熔铸林伯南",两边刻字是"泉州通判厅起发淳祐六年分 称子董成夏季纲银 监官朝请郎签书平海军节度判官公事卓"。 3. 戳记,文字较短,通常有表示银铤性质的"京销铤银"、"京销细渗"。表示金银铺金银匠名的"周王铺"、"赵孙宅"、"苏宅"、"旧日韩陈张二郎"、"杜一郎"等。有表示金银铺位于地的"霸北街西"、"都税务前"、"猫儿桥东""街东桥西"等。有表示成色的"渗银"、"细渗"、"正渗"、"真花银"等。有表示重量的"重五十两"、"重二十五两"、"重十二两半"等。这三类银铤不仅让我们看到有与国家专卖、上供、税收制度密切相关的"上供银"、"纲银"、"广东运司"、"淮西银"、"天基圣节银"、"经总制银"、"广东钞库"、"马司银"、"免丁银"、"出门税"等特殊字样,还有负责上供、纳税、专卖的各级官员名;铸造银铤的地名、金银铺名、银匠名以及表示银的成色和重量等内容的铭文。

南宋京城临安商业经济的繁荣,城中御街中部是临安最繁华的商业中心,那里诸行百市,样样齐全,大小店铺,紧密相连。在众多的店铺中,有一种特殊的铺席——金银盐钞交引铺。吴自牧《梦粱录》卷十三"铺席":"杭州大街,自和宁门权子外,一直至朝天门外清и坊。南至南瓦子北,谓之'界北'。中瓦子前。谓之'五花儿中心'。自五间楼北,至官巷南街,两行多是金银盐钞引交易。铺前列金银器皿及现钱,谓之'看垛钱',此钱备准榷货务算清盐钞引。并诸作分打钑炉韝。"耐得翁《都城纪胜》"铺席":"都城天街,旧自清河坊,南则呼南瓦,北谓之界北,中瓦前谓之五花儿中心,自五间楼北,至官巷南御街,两行多是上户金银钞引交易铺,仅百余家,门列金银及见钱,谓之看垛钱,此钱备入纳算请钞引,并诸作匠炉纷纭无数。"[2]这两段耐人寻味的记录告诉我们三层意思:一,在京城临安的御街南部五间楼北至官巷两行有一百多家金银钞引交易铺。金银交引铺已经是城市中主要商业店铺,并逐渐形成了行市;二,金银钞引交易铺内陈列着金银和现钱,是准备兑换、请算盐茶钞引(专卖品的买卖凭证)的;三,"诸作打钑炉韝"讲的金银打造,这说明金银铺设置工场打造金银器饰及金银货币是金银铺的重要业务之一。可见,砸有不同地名、不同铺席、不同匠名等戳记的南宋银铤恰恰印证了这段记录。不容忽视的是,这些金银交引铺打造的金银货币还用于盐茶引钞买卖。有一类砸刻有钞库、钞铺的银铤正是盐茶专卖收入的证物。

上供银是南宋银铤中最具特色的一个种类。目前发现的上供银铤,其铭文表述多种多样,有直接写明上供银的,也有用大礼银、圣节银、纲银、冬季银、夏季银、州军府银,转运司银等其他称谓的。从银铤本身观察,有的铭文表述的非常完整,如武冈军解淳祐十年春经总银五十两银铤,通体刻铭文:"武冈军今解淳祐十年春经总银二佰八十六两二钱大小柒铤赴淮西大军库交纳承议郎通判军事胡朝散郎武冈知军事何"。这类银铤一般是各路州军按照朝廷规定的数量、时间、地点输送财赋,因而在银铤上写明上供的州军府、上供的时间,送抵目的地和负责上供银的官员的官职和姓名、银匠名等,以便督查;有的上供银的铭文相对比较简单,只写明上供的州军府和上供银,如霸南街西陈曹宅循州上供银二十五两银铤,铭文是六个戳记"霸南街西 陈曹宅 重二十五两",中间刻字"循州上供银"。

在存世有限的南宋银铤里,还发现有两浙路市舶司、广南市舶司等字样,如广南市舶司银铤为十二两半银铤,铭文由戳记和刻字两部分组成,戳记是"霸北街西 苏宅韩五郎 重十二两半 杨口 京销 韩宗贤",刻字是"广南市舶司 监官 何成 瞿良口 起发畸零银"。显示了该银铤是广南市舶司的关税收入,为了完成上供白银数额,特地到京城金银铺交引铺购买银铤,将市舶收入兑换成白银,刻上用项等铭文上解朝廷。由此可知,南宋的白银货币还广泛使用于贸易关税。事实上,在南海一号沉船等水下考古中也发现有贸易用南宋银铤,已经清晰地显示了白银货币是当时海外贸易中的重要交易媒介。

总之,南宋白银已经在各项专卖、各种赋税以及年额上供等国家财税体系中得到广泛使用。在某种意义上说是促使京城以及外省的金银铺业迅速发展,银铤的铸造有了固定的场所,是依照统一标准和统一样式铸造的。同时在民间生活中,白银也在商业贸易、交换、礼赠、借贷、储藏等诸多方面履行了某种货币的职能。

金代的货币形式无不例外地以汉人货币为范本,其中白银货币在政府各项税收和专卖收入中担当了主要的角色。金代银铤的形制采用与宋代相同的束腰形,重量以五十两为主,铭文有用项、重量、行人、称子、工匠及保铺、引领及校验者的姓名,还有金代特色的民族文字和画押戳记。

金代银铤出土不少。1974年12月,陕西临潼相桥北河的乡民在平整土地时,意外地发现一个装有金代金银器物的瓷罐,里面存放有重50两银铤31枚。在银铤的表面密密麻麻写满了文字。经过当地文物部门专家的辨认,大部分是反映田赋收入、盐专卖收入的铭文,显示这些珍贵的历史遗存是金代的田赋制度和盐榷货制度的产物。之后,在陕西、内蒙古、河北、北京、黑龙江、山东等地均有一些金代税课银铤出土。较有代表性的是陕西临潼出土的金代解盐银铤,是从明昌元年到泰和七年的解盐税银,铭文不仅显示了"盐司"、"盐使司"、"分治司"、"盐判苑"、"承直郎盐判"、"文林郎盐判"、"榷盐判管勾"等金代盐司机构和职官名,还有榷货务或盐司的吏员——"引领",还有表示银铺雇员的"行人"、"称子"及代表盐商的"客人"、"店户"等铭文。通过对这些铭文的解读,可以看出金代政府通过盐专卖,收取高额盐税,这些盐司银铤是属于国家专卖榷货收入,并非一般商税和常赋收入。另外,金代银铤上的银的成色是用"上等银"、"真花银"、"中上花银"、"中白银"等来表示的。

金章宗为了解决纸币贬值和铜钱匮乏的双重矛盾以改善日趋恶化经济状况,于承安二年(1197)推行币制改革,《金史·食货三》记载:(承安二年十二月)"旧例银每铤五十两,其直百贯,民间或有截凿者,其价亦随低昂,遂改铸银名'承安宝货',一两至十两分五等,每两折钱两贯。"[3] 即将原来铸造的每铤五十两银铤,改铸成面值为一两至十四五种承安宝货银铤,每两折钱二贯。承安宝货是真正意义上的白银货币,它与铜钱、宝券保持兑换关系,是为了取代碎银,并与纸币、铜钱相对应,是直接进入流通领域的白银货币。承安宝货存世稀少,目前仅发现一两和一两半两种。

过着游牧生活的蒙古人,最初是使用辽、金货币,元朝建立后,以行用纸币为主,政府规定纸币是唯一流通的法定货币,先后发行了"中统元宝交钞"、"至元通行宝钞"等,不仅在全国范围内广泛流通,而且还波及邻国。白银通常是作为纸币的保证金。

元代官铸五十两银锭发现很少,元代银锭形制与宋金银铤相仿,铭文有錾刻和戳记两种,錾刻的文字较长,内容涉及银锭的用途、铸造机构、相关官员、银匠和纪年等。砸打戳记的铭文相对简单,通常有地名,用项,银匠名等。

本世纪初,在新疆博尔地区发现了数十件蒙元时期的真定路河间盐税和平阳路征收课税所的五十两银锭,据考证是 1230~1249 年间河间盐场和平阳征收课税所征收的盐税银锭。

1977 年 9 月吉林省农安县出土 2 件蒙山岁课五十两银锭,上世纪 90 年代在内蒙古赤峰发现一件湖北兴国路银矿税五十两银锭,都是山泽坑冶课税。

至元三年(1266),杨湜任诸路交钞都提举,请以平准库的白银铸成锭,重五十两,名曰"元宝"。[4]至元十三年(1276),蒙古军征服南宋后回到扬州,丞相伯颜下令搜刮将士行李,搜得的撒花银两铸成五十两重的银锭,并且在这种银锭的背面铸上"元宝"二字,锭面砸上"扬州",这就是著名的"扬州元宝",后进献给世祖。《古今图书集成》食货典记载:"银锭上字号扬州元宝,乃至元十三年大兵平宋回扬州,丞相伯颜号令搜检将士行李,所得撒花银子销铸作锭,每重五十两。归朝献纳世祖,大会皇子、王孙、驸马、国戚,从而颁赐或用货卖,所以民间有此锭也,朝廷亦自铸,至元十四年者,重四十九两,十五年者,重四十八两。"[5]这里说这里提到了三个时间段:一是至元十三年,元兵打败宋军后,回到扬州,用搜刮来的银两铸造五十两银锭;二是至元十四年,朝廷也开始铸造银锭;三是至元十五年。有趣的是,这三个纪年的扬州元宝在上海、江苏、辽宁等地都有发现,由此可见,历史记载与出土银锭显示的时间是相一致的。

民间铸造的银锭铭文简单,通常是店铺名,银匠名。目前发现以五两为多见,如"王开铺记"、"乐君茂铺"、"朱君茂记"等。

明政府早在建国初年就建立起多元化货币制度,以应付铜钱不足的窘境。虽然,铜钱、纸币、金银及粮食布帛等都不同程度地履行了货币的职责,但是由于铜钱数量有限不能满足经济发展的需要;纸币信用不好难以持久履行货币职能;粮食布帛等在物物交换或上解官府等方面虽能解一时之急,但终究不是货币;中国金银存量稀少、质轻价高,通常被人们当作财富储藏起来。种种原因使得纸铜金银米帛等都不能很好地履行货币的职能,难以满足市场的需求,从而阻碍了社会经济的发展。明代中期,随着海外贸易不断拓展,巨额白银源源不断地流入内地,不仅弥补了明代货币材料不足,还给明代社会商品经济带来了颠覆性地变化。明英宗在正统元年(1436)下令南方江浙、湖广等产粮区不通舟楫的地方,田赋以米麦折纳金花银上缴国库,这是正式以法律的形式确立用银纳税的开始,也是白银具备了各项货币职能,成为完全货币的开始。万历年间,随着一条鞭法的全面推广,使得白银的货币职能在国家赋税及一切经济领域里都发挥得淋漓尽致。政府不仅在田赋上征银,而且在徭役、专卖收入、商税、矿税、关税等方面都采用以银纳税。同时在参与市场的商业活动中,完全取代了铜钱、纸币的地位,成为流通领域里合法交换手段和支付媒介。至此,白银相当程度上替代了纸币、铜钱等固有的通货,成为大明王朝的主要货币。可以这样说,明代是首次确立了以白银为本位货币的国家政权。

虽然明代是个普遍使用白银的时代,但是,几百年来的熔熔铸铸使得流传至今的明代银锭少之又少。近半个世纪的考古发现,北京定陵、钟祥梁庄王墓、北京李伟墓、余姚袁炜墓、湖北蕲春刘娘井墓、四川洪雅、新都、彭山,浙江杭州、湖州,安徽芜湖、广西阳朔、江苏上海等地均出土了为数不多的明代银锭。其涉及税种众多,内容十分丰富,让研究者和收藏者耳目一新,同时也揭开了明代银锭的神秘面纱。

明代白银货币化的实现,最初是凭借田赋折纳白银来完成的,那些为数不多的各式折粮银锭正是这个货币化进程的纪录者。明代的田赋从明初征米麦丝绢等实物交纳,到部分用白银折纳,最后到完全用白银折纳,是一个从实物税到货币税的发展过程。因此,在存世的明代银锭中有很大一部分是田赋折银,以及从田赋折色中派生出来的各类折银和田赋加派银,如"金花银"、"麦折银"、"秋粮折色"、"粮银"、"谷价银"、"轻赍银"、"耗米银"、"地亩银"、"禄米银"、"马草折银"、"草价银"、"丝折绢银"、"辽饷银"、"巢饷银"等。明代中叶,随着社会对白银需求的扩大,徭役、专卖及商业贸易等领域也以白银为抽分纳税的对象。如在存世的明代银锭里有表示各种徭役的"皂隶银"、"京班银"、"民兵银"、"民校银"等,有专卖品收入的"盐司银"、"两淮盐课"、"茶银"等,有钞关收入的"芜关银",有表示县级政府开支的"公用银"、"柴薪银"、"月供银"等,还有表示各类社会惩罚的"赃罚银"、"犯人银"等等。这些不同铭文的银锭给我们提供了大量反映明代财政赋税方面的信息,涵盖了明代经济社会的方方面面。

由于明代政府对白银使用采取的是先抑后扬政策,使得银锭铸造形制无常、式样多变。明初政府严禁金银流通,但几百年来民间用银习俗根深蒂固,屡禁不止。此时银锭的铸造转入地下,以民间铸造为主,形制多样,且不规范。正统元年以后,白银的使用逐渐趋于合法,银锭的铸造也从地下走上地面。但是,政府对银锭的铸造采取放任自流的态度,各地官民铸造的银锭是五花八门,毫无规范可言。嘉靖、万历年间,朝廷对银锭铸造提出了"州县起解银两,每锭皆凿官吏、银匠姓名"的要求,但这也仅仅是对官库铸锭而言,各州县及民间铸锭依然我行我素、各行其是。从目前发现的明代银锭来看,明代银锭形制繁杂,主要有圆首束腰型、扁马蹄型、长方束腰型、椭圆型、元宝型等;重量有五十两、二十两、十两、五两、二两、一两等几种。一般官锭都刻有详细的铭文,内容多为地点、时间、用途、重量、银匠、监铸官员及押运官员名等。而小锭多为民间铸锭,形制和铭文都不规范。

清代银锭是在清政府大力提倡"用银为本、用钱为末"的情况下迅速发展起来的。明代中后期以后,外国银元的源源不断的大量涌入和明清两代积极开产银矿,为清代推行银两制奠定了坚实的基础;充足的白银存量和各地的自由铸造,使银两成为清代前期国家财政收支的重要媒介和百姓生活中不可缺少的主要通货。清代是中国银锭铸造和发展的鼎盛时期。

清政府从顺治十四年(1657)就制定七分用银、三分用钱的方针:"直省征纳钱粮多系收银,今见钱多壅滞,应上下流通,请令银钱兼收,以银七钱三为准,银则尽数起解,其钱充存留之用,永为定例从之。"[6]清政府规定征收纳税,数额在一两以上的必须收取白银,一两以下者银两与制钱听由百姓自便。各地州县将所有收缴上来的银钱,交予当地钱庄或银号兑换成银两并铸造成统一的银锭,砸打上时间、地名、银炉或银匠名等戳记,有的还砸上税项戳记,然后上缴户部。目前发现的清代税银多种多样,主要有地丁、捐输、津贴、各类厘金、盐税、茶税、关税、海防、鸦片税等等。

清政府对于银两的铸造,采取放任自流的政策,各省银炉有各自的铸造习惯,所铸银锭形态多样,有马蹄型、圆型、碗锭、方锭、牌坊型、砝码型等,重量从五十两至一两不等。正如《皇朝文献通考》描述的那样:"如江南、浙江有丝元等银,湖广、江西有盐微等银,山西有西槽及水丝等银,四川有土槽、柳槽及茴香等银,陕甘有元槽等银,广西有北流等银,云南贵州有石槽及茶花等银,此外又有青丝、白丝、单倾、双倾、方槽、长槽等名色。是海内用银不患不足,因其高下轻重以抵钱之多寡,实可各随其便,流转行用。"[7]同时,清政府规定纹银为标准成色,政府会计都是用银两计算。至此,白银在国家税收、皇室开支、军费支出、战争赔款及其国内外商业贸易中成为了名副其实的本位货币。

明朝中后期,西班牙发现了美洲银矿,源源不断的白银随着东方新航线的开辟由葡萄牙、西班牙等国商人带入中国,他们带着满船的银元来购买中国的茶叶、生丝和瓷器等物品,整齐划一、以枚计算、方便交易的外国银元逐渐充斥中国的商品交易市场。到了清乾隆年间,福建、广东等沿海地区多半流通葡萄牙和西班牙银币,这些银币被福建、广东的商人称为"洋钱"或"花边十字钱"。《皇朝文献通考》中说:"至于福建、广东近海之地,又多行使洋钱。其银皆范为钱式,来自西南二洋,约有数等;大者曰马钱,为海马形。次曰花边钱。又次曰十字钱。……闽、粤之人称为番钱或称为花边钱,凡荷兰、佛朗机诸国商船所载每以数千万元计。"[8]嘉庆以后,随着中西贸易的逐年增加,外国银元数量也随之增多,嘉庆十九年,两江总督蒋攸钴向皇帝上奏:"洋钱进口,民间以其使用简便,颇觉流通,每年夷船带来的洋钱,或二三百万元,或四五百万元,亦有数十万元者不等。"[9]

同时,中国的传统银两在与外国银元的交易中也显露出的众多弊端,给外国银元在中国的畅行在客观上带来了极大的便利。贵金属货币——银两形制简单,名称单纯,成色、重量没有统一标准,属称量货币。其在商品交易中存在着计算、评色、称重等颇为繁难的缺点。而外国银元以枚计算,有统一的成色及重量标准,使用方便,交易畅通,致使西班牙、墨西哥、美国、英国、荷兰、法国、日本等国大量不同种类的银元源源不断地流入中国。道光初年,外国银元不仅在东南沿海诸省畅通无阻,并且已向内地渗透,行用日广。道光年间,来自西班牙、墨西哥、美国、英国、荷兰、法国、日本等国的银元不是专门来买卖中国商品,而是拿重量为七钱二分,成色80%～90%的银元来等量兑换中国的纹银(成色93.5374%)以换取一至二成差价。当时,福建、广东、江西、浙江、江苏以及黄河以南各省都流通洋钱,缴纳赋税,商业交易无一不用外国银元。这样的情景一直延续到清末。据不完全统计,到了1919年,在华行用的外国银元已逾15种之多,数量惊人,大约有11亿元左右,致使中国对外贸易严重受损,白银外流,银价暴涨。

这种危急的情况使得中国朝野有识之士莫不忧心如焚,纷纷提议改革币制,主张自铸银元。第一个提出自铸银元的是林则徐,道光十三年(1833),林则徐在任江苏巡抚时,目睹了外国银元给中国经济带来种种危害后,上奏朝廷,委婉地提出:"推广制钱之式以为银钱,期于便民利用,并非仿洋钱而为之。"[10]咸丰五年(1855)江苏阳湖的周腾虎在其著作《铸银钱说》中提出:"宜准洋银分两铸造银钱，……一仿洋银之式变其文字，以为中国宝货。……银钱铸成之后，准今之洋钱之价出入，取其盈余给工值火耗外，尚可以通有无，足国用，赡军食，因民之所利而利之，惠而不费，此之谓矣。"[11] 光绪十三年（1887）张之洞根据国家财政与国际贸易的需要，主张自铸银元："广东通省皆用外洋银钱，波及广西至于闽、浙、皖、鄂，所有通商口岸，以及湖南、四川、前后藏，无不通行，以致漏卮无底。粤省拟试造外洋银元，每元重漕平七钱三分，今拟每元加重一分五厘，银元上面铸'光绪元宝'四字，周围铸'广东省造库平七钱三分'十字，并用汉文洋文，以便与外洋交易。支放各种饷需官项，与征收厘捐盐课杂税，及粤省洋关税项向收洋银者，均与洋银一同行用。"[12] 借以"维主权，存正朔，取利权，塞漏卮"，限制外洋流通，阻截白银外流，挽救国家经济。

事实上，中国银元制度是经过长时间的酝酿、实践才逐渐走向成熟，银元的铸造也是如此。中国正式设局自铸银元，虽然始于光绪十三年（1887）张之洞的奏准，但地方性银元的铸造，在这以前已有较长的历史。

中国内地的银元铸造，源于民间仿铸。清朝嘉、道年间，民间就开始出现仿造外国银元的私铸银元。黄爵滋于《纹银洋银应并禁出洋疏》中讲到："盖自洋银流入中国，市民喜其计枚核值，便于运用，又价与纹银争昂，而成色可以稍低，遂有奸民射利，摹造洋枚，销化洋银，仿铸洋钱，其铸于广东者曰广板；铸于福建者曰福板；铸于杭州者曰杭板；铸于江苏者曰苏板，曰吴庄，曰锡板。铸于江西者曰土版，行庄。种种名目，均系内地仿铸。"[13] 林则徐在道光十五年（1835）的《苏省并无洋银出洋》一摺中指出："内地镕化纹银，仿铸洋银，如原奏苏板、吴庄、锡板等名目。向来诚有此种作伪之弊。"[14]

道光年间，福建、台湾地方政府为了解决军饷问题，也曾几次铸造银元。我们发现有寿星银饼、如意银饼、笔宝银饼、漳州军饷银饼等几种存世。寿星银饼系模仿西班牙之本洋，正面铸寿星之像，像的左边钤篆书"道光年铸"，左右分钤"足纹银饼"，寿星的像身钤楷书"库平七二"四字，背面钤一宝鼎。

清咸丰六年（1856），上海外商擅自以墨西哥鹰洋代替本洋为记账货币，并制定两者的比价。上海政府害怕外商压力，被迫同意鹰洋在当地流通，并指定王永盛、郁森盛、经正记三家商号兑换鹰洋。同时，效仿鹰洋形制铸造"上海银饼"，面值有重一两、五钱两种，由于遭遇仿冒，很快就被迫停止铸造。

清光绪十年（1884），吉林省机器局在吉林将军希元的主持下，制造中国第一套的机制银元——吉林厂平银元。满文"吉林"意即"船厂"，当时白银是以吉林的平色为计算单位，故称"厂平"。该套币原本用作军饷，所定币值以银两为单位，由于没有得到清政府的准许，也只能作罢。

张之洞任两广总督期间，根据当时广东经济发展和对外贸易的需要，于光绪十三年（1887）二月奏准在广州筹办"广东钱局"。他向英国伯明罕喜敦造币厂订购全套造币机器，聘请外籍技师，于光绪十五年（1889）开始制造广东光绪银币，经过试制改版，新银元于光绪十六年（1890）正式发行，新银元计有五种，币面钤"光绪元宝"四字，外围上钤"广东省造"，下钤面值；背面钤龙纹、英文地名及面值。这是官铸银元的开始。因为，新银元发行以来，流通情况良好，于是清政府下令，作为中国的法定货币，所有完纳钱粮、关税、厘捐等，均得使用此项银币。

张之洞调任湖广总督后,湖北亦继广东之后于光绪二十一年(1895)设立造币厂,铸造银元。与其同时,天津北洋机器局也附带制造银元。此后,各省纷纷效仿,竞相设厂开铸,至光绪二十三年(1897),已有广东、湖北、北洋、江南、新疆、安徽、湖南、奉天、吉林、福建、云南等十余个省设立造币厂,并有不断增设之势。由于各省各自为政,不受中央直接管辖,币制混乱,导致龙洋的品质参差不齐。当时各厂所铸银元,存在三种不良现象:1.成色分量不一,市价不免有高低;2.各省所铸银元皆标有本省省名,各省相互抵制,难畅行全国;3.造币机构多,难免出现过剩现象。这些混乱的现象,让清政府头痛不已,感觉到有统一制造的必要。因此,光绪二十五年(1899)清政府以各省设局太多,成色、分量难免参差,不便民用为由,裁并各省造币厂,各省需用银元,都归并给广东、湖北两省制造。

尽管裁撤合并了许多地方造币厂,但是问题还没完结。因为新银元采用与墨西哥银元一致的重量单位,与中国传统的银两制不符,造成了计算困难。为此,有人提出币制改革,建议改成与银两制相符的一两制银币。总理事务衙门给事盛宣怀,于光绪二十二年(1896)九月上奏朝廷要求改革币制,他说:"墨西哥国以九成之银铸钱,运行中国,易我十成之银,岁耗以亿万计。近来广东湖北北洋南洋先后铸造银元,分量轻重、悉准墨银,既不能废两为元,各库出入,及需元宝,必致无银可铸。拟请在京师特设银元总局,以广东湖北天津上海为分局,开铸银币,每元重京平九成银一两,再酌铸金银及小银钱,使子母相权而行。"[15]此外,顺天府伊胡、监察御史王鹏运等官员也相继提议改革币制,制造一两制银元,统一币制。

从1870年直到1900年,世界银价暴跌,跌至原值的50%~60%,而中国甲午、庚子两次战争所担负的巨额赔款,合计达六亿八千万两,折合英镑一亿零五百十八万一千八百八十四磅。这意味着,中国不但损失了巨额白银,还有忍受磅亏造成的附加损失。至此,清政府才意识到原有的银本位制已不能适应时代的变化,到了非改革不可的时候。与此同时,英美各国在商业贸易中,颇感货币兑换的不便,为了扩大各自在华的经济利益,也对清政府施加压力,迫使其改革币制。1902年中英签订的通商行船条约以及其后签订的中美、中日商约,都有统一币制的规定。光绪皇帝于光绪二十九年三月二十五日颁旨同意改革币制,新建造币总厂,制造新型一两制银币:"时局艰难,财用匮乏,国与民交受其病。自非通盘筹画,因时制宜,安望财政日有起色。着派庆亲王奕劻、瞿鸿机,会同户部认真整顿,将一切应办事宜,悉心经理。即如各省所用银钱,式样各殊,平色不一,最为商民之累。自应明定划一银式,于京师设立铸银钱总厂,新式银钱铸成足敷颁行后,所有守纳钱粮关税、厘捐,一切公款,均专用此项银钱。"[16]接着,户部遵旨特设财政处,专门整理财政和着手解决币制混乱问题,并在天津勘察地势,积极筹建造币总厂,准备铸造新式国家银币。光绪二十九年(1903),户部造币总厂终于在天津落成,率先试制了一两制银币,面值五种,分别是一两、五钱、二钱、一钱、五分。这是清政府为改善财政状况,统一币制而试制的第一种国家银币。

光绪三十年(1904)八月,湖广总督张之洞上奏朝廷,大力陈述"两"单位的便益,认为以前各省所制造的银元,是为了抵制外国银货的权宜之计:"以前各省所铸银元,均依照墨西哥银元之重,合中国库平七钱二分。中国从前尚未有定划一币制之议,所铸龙元,专为行用各口岸,抵制外国银货进口起见,并未为厘定通用国币起见,本属依仿洋银办法……中国一切赋税,皆以两钱分厘计算,而地丁漕项、为数尤为至纤至繁,每县串票不下数十万张,每人丁漕,多者几两几钱,少者几钱几分,几厘几毫,几丝几忽,畸零繁重,若改两为元,实难折算。…"[17]于是,在张之洞的提议下,湖北造币厂于光绪三十年(1904)试制了一两制大清银币。光绪三十一年(1905),那桐等与袁世凯商量币制都主张制造一两银元。为此,财政处于同年十月二十三日奏准币制单位,定为库平一两。户部造币总厂于光绪三十二年(1906)又试铸了丙午一两制大清银币一套。可见,一两制银币是清末币制改革的一个重要的组成部分,在一定程度上显示了清政府进行币制改革的决心。

事与愿违,社会经济趋势已经不适应这种新币制的推行,清政府又不得不取消原议,到光绪三十三年(1907)三月度支部以一两银币与已经流通已久的各省龙洋银币重量不符,使用不便为由,否定了一两银币。并在同年七月初九颁布《新币分量成色章程》,从而正式确立了以"元"为单位的银币制度。光绪三十三年(1907)户部造币厂铸造重七钱二分"丁未大清银币"和为大清银行发行纸币筹备兑换基金的"造币总厂光绪元宝"银币。

但是银元单位之争并未就此告终。同年十一月二十六日清政府就银元单位和成色问题又征询各省督抚意见,结果是主张一两制有十一省、七钱二分有八省,主张足色十成的有四省,主张九成的有四省。可是度支部也不示弱,当即驳斥,认为货币流通应该顺应商民的使用习惯,七钱二分银币已经得到商民的认可,无需更换。双方意见相持对立不下,清政府也难以下决断,不得已下令会议政务处及资政院总裁等会同妥议。但终因议论纷纷,毫无结果。光绪三十四年八月,清廷再令会议政务处速议,九月十一日政务处会同咨政院再次上奏,主张先采用银本位,以一两为单位,成色用十成或九成。该奏请得到了光绪皇帝批准:"中国两钱分厘年用已久,实难废改,着即定为大清币一权,计重库平一两,又多铸库平五钱之银币,以便行用。并附铸减成之库平一钱暨五分小银元,以资补助。其两银币,按九八足银铸造,两种小银元,按八成八铸造。"[18]至此,争论数年的两"、"元"之争似乎告一段落。但在这以后的二月间,光绪皇帝和慈禧太后相继病逝,政局变动,过去的成案,都成了空文。上海总商会首先上书度支部主张银元单位采用七钱二分。宣统元年(1909)度支部尚书载泽再议币制,积极主张实行"元"单位,认为过去采用两单位,是由于张之洞、袁世凯两人的独断,并非出自慎重决议。宣统二年(1910)四月,清政府颁布《币制则例》,规定中国国币单位定为"元",以一元为主币,重库平七钱二分,另外以五角、二角五分、一角三种银币、五分镍币、二分、一分、五厘、一厘四种铜币为辅币。由此可知,该条例规定了以元(七钱二分)为单位,定银元为国币,确定新银币的成色,停止各省自由铸造,将铸币权统一归于中央。于是,天津户部造币总厂根据此条例的规定先后制造了"宣统年造大清银币"和"宣统三年大清银币"等银币。

1911年10月10日,辛亥革命的爆发,清政府灭亡,各造币厂所有制成的银币,全部提充军饷,随市价流通市面。

1912年1月,中华民国临时政府成立,将原江南造币厂接收为财政部管理,并制造了孙中山像开国纪念币。同时,武昌造币厂制造黎元洪像开国纪念币。

1914年2月,国民政府进行币制改革,公布"国币条例"及其"实施细则",确立银本位制,规定以一元银元为国币,分为一元、半元、二角、一角四种币值。一元重七钱二分,银九铜一;半元重三钱六分;二角重一钱四分四厘;一角重七分二厘;均为银七铜三,重量公差不逾千分之三等,并进一步规定凡在中国境内以国币授受者,无论何种款项,概不得拒绝。之后,为了便利各种龙洋改制成新币,又将一元币成色改为89%。

1914年12月,财政部天津造币总厂首先制造新版银币,其正面钤袁世凯侧面像及发行年号,背面钤嘉禾纹饰与币值,俗称"袁头币",计有一元、半元、二角、一角、五分共五种币值。新币币型划一,重量成色准确,易于识别,很快通行全国。

1927年,北伐战争使北洋军阀统治集团遭受沉重打击,国民党政府复都南京。因国民厌恶袁世凯,随即停制"袁头币"。将民国元年版孙中山开国纪念币的旧模稍加改动,由南京、天津、浙江、四川等造币厂制造成新的孙中山开国纪念币,以替代袁世凯银币。

1928年,国民党全国经济会议决定废两改元。制定了《国币条例草案》十四条,其中第四条规定:"国币之种类:1.本位币,银币一元。2.辅币、银辅币三种:五十分、二十分、十分;铜辅币两种:一分、半分。"第六条规定:"国币之重量成色:本位币,总重七钱二分,银八九铜十一;五十分银辅币,总重三钱六分,银七铜三;二十分银辅币,总重一钱四分四厘,银七铜三;十分银辅币,总重七分二厘,银七铜三。"并拟在上海建立中央造币厂,制造新式国币银元。至此,旧的银两制度终于结束了,新的银币本位制得以确立。

上海中央造币厂是于1928开始筹建,1930年落成。期间,国民党曾委托各大外国造币厂设计代刻孙中山新币币模,其中有孙中山地球银币、孙中山像嘉禾银币、孙中山正面像帆船银币、孙中山侧面像帆船银币。值得一提的是,孙中山侧面像帆船银币是委托奥地利、日本、美国、英国和意大利五国代刻币模,由杭州造币厂制造。以上几种银币均系试制性质。

1929年,国民党政府重金聘请美国币制专家甘尔末(Edwin Walter Kemmerer)及其他十二位财政经济专家来华,组成中国财政设计委员会,研究设计中国的币制。第二年,该委员会提出中国逐渐采用金本位制法草案,简称"甘尔末计划"。1931年,国民党政府拟采用这项草案,并向美国费城造币厂定制金本位币币模。1932年,金本位币模送抵中国后,由在上海的中央造币厂试制孙中山帆船金本位币,计有一元、半元、二毫、一毫、半毫和贰仙6种币值。其中一元、半元、二毫和一毫为银币,半毫、贰仙为镍质。

甘尔末计划颁布后,引起了各方面讨论、抨击,认为其不适合中国实情,国民党政府被迫放弃。将"金本位币壹元"六字从银币中删除,把原来刻于帆船下方的三只飞鸟图案移至帆船上方,制造了"三鸟币"。日本侵华战争爆发后,该币的太阳、飞鸟有含日本空军侵略中国的不祥之兆,故未准发行。1933年(民国二十二年),再次对"三鸟币"进行修改,将"二十一年"改为"二十二年",删去背面的太阳和三鸟图案,并且大量制造,使之成为第一种定型国币,俗称"船洋"。民国二十三年再次改纪年大量发行。

1933~1934年间,美国为了尽快摆脱经济危机,放弃了金本位制,实行金银双重本位政策。与此同时,罗斯福总统签署了1934年购银法案,大举收购本国及海外金银,以求美国的白银的价格稳定在黄金的三分之一,或使市场银价攀升至每盎司 1.29 美元。为此,导致中国白银大量外流,国内通货紧缩。金融梗塞,工商各业资金周转困难。为此,国民党政府先后于 1934 年 10 月颁布"白银出口增税实施令",拟用征收白银出口税的办法来抑制白银的大量外流。然而,事与愿违,中国白银的输出并没有明显地减少,据美国商部报告,1934 年 11 月共输入白银一千五百多万美元,其中七百五十多万美元的白银是从中国输入的。与此同时,日本商人在上海、天津大肆收购银两和银元,运至日本后又转运到美国、英国销售,在 1934~1935 年间每月流出的白银达六百万元以上。1935 年 9 月,英国派遣首席经济顾问李滋罗斯来华,筹划货币改革。国民党政府于 1935 年 11 月在英国的策划下,决定实施法币政策:"自本月 4 日起,以中央、中国、交通三行所发之钞券为法币,所有完粮纳税及一切公私款项之收付概以法币为限,不得行使现金,违者全数没收,以防白银之偷漏。…"废止银本位制,将白银收归国有,作为法币的保证金,并将法币的汇率依附于英镑。至此,旧有银本条、生银、银锭、银块、银元及其他银类开始退出中国货币流通领域。从此,银元不再成为合法通货,已制造好的民国二十四年孙中山帆船银币未能发行流通。

但是,在法币政策施行不到两个月,美国财政部因中国白银出口价远高于本国银价和先前购入的白银发货缓慢而开始降低对外收购银价,导致世界银价逐步降低到本国银价标准,其结果不仅使国民党政府在售银中损失惨重,而且使维持法币制度的外汇基金来源也成了问题。而英国却没有余力来安定中国的币值。在美国政府的多次干预下,1936 年,国民党财政部长孔祥熙派陈光甫、郭秉文等赴美,与美国财政部长摩索根商谈币值事宜。美国要求中国保证其通货不与英镑发生联系;保证在国内扩大白银用途,重新制造银元,并由美国的造币厂来完成;增加中国货币准备金中之白银比重和放宽工艺用银限制。双方于五月五日正式签署《中美货币协定》。同时,中国向美国造币厂象征性定制了新银元 1000 万元。新银元有帆船和古布两种图案,纪年有民国二十五年和民国二十六年。虽然这两种银币均未流通,但是,不可否认它们是中国货币历史上最后的银币。

纵观两千多年的白银使用历史,白银从发现到作为真正意义上的货币走过了一条漫长的道路。直到明代中期,白银存量随着海外贸易的兴盛大大增加,使之具备了能够成为流通货币的客观条件,从而脱离了千百年来以财富为主要功能的象征性货币的范畴,成为真正的流通货币。之后,白银货币历经明清两代的洗礼和沉淀,不仅在铸造技术上脱胎换骨,更重要的是从原始称量验色的交换模式转变为以枚计值、标准通用的近代货币。

注释：

（1）欧阳修《新唐书》卷二百六 列传第一百三十一《外戚》。

（2）吴自牧《梦粱录》卷十三"铺席"，灌圃耐得翁《都城纪胜》铺席。

（3）《金史》卷四十八志第二十九《食货三·钱币》。

（4）《元史》卷一百七十〇《杨湜传》。

（5）《古今图书集成·经济汇编·食货典》。

（6）《皇朝文献通考》卷十三《钱币考一》。

（7）《皇朝文献通考》卷十六《钱币考四》。

（8）同上。

（9）《嘉庆朝东华录》第三十九卷。

（10）中山大学历史系中国近代现代史教研组：《林则徐集·奏稿》上册，中华书局版，第134页。

（11）《续清朝文献通稿·钱币考二》。

（12）《两广总督张之洞请许试铸银元片（光绪十三年正月二十四日）》，见《中国近代货币史资料》第一辑，下册，第672页，中华书局，1964年9月版。

（13）《御史黄爵滋折（道光十三年七月二十日）》，见《中国近代货币史资料》第一辑，上册，第43页，中华书局，1964年9月版。

（14）《林文忠公政书·江苏奏稿》卷八第3页，商务印书馆，民国二十四年四月版。

（15）张家骧：《中华币制史》第三编，第6页，知识产权出版社，2013年8月版。

（16）《上谕——京师设立银钱总厂（光绪二十九年三月二十五日）》，见《中国近代货币史资料》第一辑，下册，第814页，中华书局，1964年9月版。

（17）《湖广总督张之洞片——湖北试铸一两重银元（光绪三十年八月十六日）》，见《中国近代货币史资料》第一辑，下册，第693页，中华书局，1964年9月版。

（18）《上谕——定一两重银元为本位币（光绪三十四年九月十一日）》，见《中国近代货币史资料》第一辑，下册，第763页，中华书局，1964年9月版。

From sycee to sliver Dollar

The history of gold and silver smelting technologies can be traced back to as early as the Shang and Zhou Dynasties (ca. 1600~256 B.C.). Since then, gold and silver have been regarded as symbols of wealth. Later, people began to use gold and silver as currency. For thousands of years, these metals have been used throughout the world as metage coin, and have taken on many different forms.

Metage coin, as a very primitive currency, is about measuring the value of money by weight. When people first used precious metal as money, they would cast the metal in molds, examine its quality, weigh it, and then determine its value accordingly. Apart from its shape, metage coin remained unchanged throughout the evolution of gold and silver money.

The earliest archaeological discovery of silver money dates back more than 2,000 years to the Warring States Period (475~221 B.C.). In 1974, several pieces of silver shell money–which was similar in size and shape to natural seashells–were found at a gravesite in Pingshan County, Hebei Province, northern China. That same year, 18 pieces of silver spade money (named after its shape) were discovered in Gucheng Village, Fugou County, Henan Province in central China. They bore an impressive likeness to the primitive kongshoubu, a type of spade money used in the Spring and Autumn Period (770~476 B.C.). It was clear that the finds at the two sites were a continuation of the seashells previously used as money and earlier bronze spade money, and they represented the earliest evidence of silver money in Ancient China.

Gold and silver objects were popular status symbols among the imperial family and aristocrats during the Tang Dynasty (618~907 A.D.) when the economy was booming and trade and industries were thriving. Large hoards of gold and silver were discovered at the Daming Palace archaeological site northeast of present-day Xi'an, at the imperial palace site of the Sui and Tang Dynasties in today's Luoyang, Hejiacun Village in the southern suburbs of Xi'an, at Pinglu in Shanxi, and at Dantu in Jiangsu. Also discovered were gold and silver cakes (named after their shape) and Sycees. All this attracted considerable attention from cultural relic researchers and collectors.

Sycees, or Ting-shaped Sycees, came in the shape of a panel or a boat during the Tang Dynasty. Panels weighed 100, 50 or 20 taels, and came with or without inscriptions. The boat-shaped Sycees resembled a small, upturned table with a curvy bottom and bent legs, weighed 50, 30 or 20 taels, and were mostly unmarked or with simple marks on the front, sides and bottom.

Only ten or so inscribed straight Sycees from the Tang Dynasty have been discovered according to archaeological reports. Most of them were offered as tributes to high ranking officials or the emperor. Most of these Sycees bear dozens of inscribed characters, indicating who was paying the tribute and why, as well as the origin, weight, and time the silver was cast. Silver cakes from the Tang Dynasty had distinctive features: the characters were either carved or inscribed in ink, telling who did the casting and when it was finished, the origin and weight of the silver, the title and name of the official collecting dues, and the name of the craftsman, etc.

In the Tang dynasty, the use of silver money was limited to converting tax money to portable Sycees and offering tribute to royal families. This meant that it only played a role in the process of storage and payment of dues, but was not used for commercial circulation. In this regard, it was not "silver currency" in the strict sense of the phrase.

In the Northern Song and Southern Song Dynasties (960~1279 A.D.), the use of silver money was extended to political and economic government activities. It played an important role in taxation, military expenditures, disaster relief, as well as purchasing government-monopoly goods, paying war indemnities and rewarding vassal states. It also became popular among ordinary citizens and was ubiquitous in gift and bribe giving, commercial trade and private hoarding. Meanwhile, Sycees became hourglass shaped in contrast to the earlier common straight panel shape. They were inscribed or impressed with words, which gives a glimpse of the economic conditions at that time. According to archeological discoveries, the Sycees from the Northern Song Dynasty (960~1127 A.D.) had a flat (in most cases), round or curved head, and were engraved with long texts, mostly about the tribute offering, similar to their predecessors from the Tang Dynasty.

After the Southern Dynasty (1127~1279 A.D.) , a rapidly growing urban population and greater demand for consumer goods led to a commercial economy boom and more currency variety. In addition to paper currency and copper coins, silver assumed a major role in the state treasury. It played a major role in taxation, foreign trade, commodity business, and the selling of government monopoly goods (including salt). In the capital of the time, Lin'an, there were several hundred "gold-silver shops" engaged in currency exchange, minting gold and silver currencies, and trading salt-selling licenses (which were issued to businessmen after they paid their dues and which served as a certificate to supply them with the salt to sell). The largest discovery of Sycees from the Southern Song dynasty was made in 1955, when 292 Sycees, including 155 inscribed ones, were unearthed in Huangshi, Hubei province. Later, huge amounts of silver money from the Southern Song Dynasty were also discovered in Zhejiang (Hangzhou, Huzhou and Wenzhou), Anhui (Liu'an), Henan (Fangcheng), Jiangsu (Nanjing and Liyang), Hubei (Huangshi and Qichun), and Sichuan Provinces (Shuangliu).

Sycees from the Southern Song Dynasty were flat, with a curvy head that sloped down to the middle of the hourglass. Their top surface dipped in the middle, with grains near and along the edge. They came in large (50 taels, 1895~2000g), medium (25 taels, 918~1100g) and small sizes (12.5 taels, 434~490g). In fact, Sycees lighter than 6 taels also exist from the Southern Song Dynasty. Their inscriptions often contain information about the Sycee's weight, origin, maker, giver, offering time, receiver and storeroom.

The most distinctive Sycees from the Southern Song Dynasty were those used as tributes. According to archeological findings, the inscriptions on these silver gifts take on various forms: some simply read, "Sycees as Tribute", while others read, "Sycees as Grand Gift", "Sycees as Birthday Gift for his Majesty", "Sycees in Bulk", "Sycees Delivered in Winter", "Sycees Delivered in Summer", "Sycees from Prefecture" or "Sycees from Bureau of Tax Collection And Transportation". Some even cover the entire body of the Sycee, reading, for example, "ESCORTED BY SECOND-CLASS SUB-PREFECT OF QUANZHOU PREFECTURE IN WINTER OF SECOND YEAR DURING REIGN OF BAOYOU, DELIVERED TO GENERAL LOGISTICS OFFICER OF HUAIXI. PERSON IN CHARGE: ZHAO CHONGDA, ASSISTANT MAGISTRATE OF QUANZHOU PREFECTURE". Certainly, such detailed information would allow for easy checks and examination. By contrast, a more concise Sycee was impressed with "FROM CHENCAO HOUSE, BA'NAN STREET WEST; 25 TAELS", and engraved with "SYCEES AS TRIBUTE FROM XUZHOU PREFECTURE" in the middle.

In the Southern Song Dynasty, the government's financial revenue mainly came from tributes, corvee labor, feudal land tax, a variety of rents and dues, as well as government-monopoly goods. Most of this wealth was converted into silver money before going to the court. In other words, Sycees were widely used for trade, tax payments, and tribute offerings. This fueled the rapid growth of "gold-silver shops"—a major Sycee maker with a standardized production process—in the capital city Lin'an and elsewhere. However, for ordinary citizens, silver also served as money for exchanging, trading, saving, loan taking and gift offering.

In the court of the Jin Dynasty (1115~1234 A.D.), silver also represented an important medium of exchange for collecting autumn tax and salt tax, as well other economic activities. These Sycees are similar in shape to the hourglass Sycees from the Song Dynasty, and most weighed 50 taels. The inscriptions included the Sycee's purpose and weight, as well as the names of the mint, guild head, craftsman and examiner. Their surfaces also feature highly characteristic Jurchen writing and impressed marks.

There have been many archeological discoveries of Sycees from the Jin Dynasty. In 1974, a villager stumbled across a treasure jar filled with 31 pieces of 50-tael Sycees while working on farmland in Xiangheqiaobei, Lintong County, Shaanxi Province. The Sycee surfaces were filled with inscriptions, which, according to experts, were an account of revenues from collecting land taxes and selling salt— evidence of the feudal taxation system and national monopoly on salt at the time. More tax Sycees were later discovered across northern China, in locations including Shaanxi, Inner Mongolia, Hebei, Beijing, Heilongjiang and Shandong. The most typical examples are those unearthed in Lintong, Shaanxi Province, which came from levying taxes on Xie salt (salt produced in Xiechi, Shaanxi) from the first to the seventh year during the reign of Mingchang. Their surfaces bore the names/titles of various salt-controlling authorities, officials and service personnel, such as "BUREAU OF SALT", terms for gold-silver currency maker, roughly equivalent to "GUILD HEAD", and words that meant salt businessmen, like "CUSTOMER" and "SHOP". These inscriptions reveal the fact that the Jin court imposed a special high tax on salt they sold as monopoly goods and commissioned "gold-silver shops" to mint Sycees out of the collected salt tax money. It is also worth noting that, in the Jin Dynasty, "FINE (Shangdeng silver)", "GENUINE (Zhen-huw silver)", "MIDDLE-UPPER (Zhongshang-huw silver)" and "MIDDLE (Zhong-bai silver)", etc. were inscribed on Sycees to indicate the percentage of silver in them.

In 1197 A.D. (the second year of the reign of Cheng'an), Emperor Zhangzong of Jin implemented a currency reform in order to pull the nation out of a worsening economy, which was facing problems with paper money depreciation and a deficit in copper coins. As a result, the 50-tael Sycees gave way to the Cheng'an Treasure Sycees, which came in five face values ranging from 1 to 10 taels, with 1 tael equivalent to 2 guan - two strings of 1,000 pieces of copper. As true silver currency, the Cheng'an Treasure Sycees were designed to be convertible with copper coins, paper money, and vouchers, consequently removing irregular silver fragments from circulation. However, few of these Sycees survived to the present day, and only a few weighing 1 and 1.5 taels have been found so far.

Early on, nomadic Mongols adopted the currencies of the Liao and Jin Dynasties. After they established the Yuan Dynasty (1271~1368 A.D.), the government made paper money the only fiat currency and issued this type of currency during the reigns of Zhongtong and Zhiyuan. Paper money was not only widely used across China, but also reached neighboring nations. Silver as a hard currency was usually the ultimate guarantee of paper money's face value.

Dozens of 50-tael-weight salt tax Sycees in the Yuan Dynasty of Mongolia were discovered in Bortala Mongol Autonomous Prefecture, Xinjiang Province at the beginning of the 21st century. According to research, they are the salt tax Sycees of Zhending Road District from Hejian Saltworks (both in China's central Henan Province) or from the taxation department of Pingyang Road District (in Shanxi Province) from 1230 to 1249.

Two 50-tael-weight tax Sycees from Mengshan Silver Mining Area (in Jiangxi Province) were unearthed in Nong'an County, Jilin Province in September 1977. Later, another 50-tael-weight tax Sycee from Xingguo Road District Silver Mining Area in Hubei Province was discovered in Chifeng City, Inner Mongolia in the 1990s. Coincidentally, all of them are Sycees from district taxation on mountains and mines.

The well-known Yangzhou shoe-shaped silver ingot dates back to 1276 during the Yuan Dynasty, when the prime minister cast 50-tael-weight Sycees with silver taken from soldiers to offer the emperor as tribute. These Sycees were inscribed with "Yuanbao" on the back, and "Yangzhou" on the front, which is where their name comes from. This type of Sycee was discovered in Shanghai, Jiangsu, and Liaoning, etc., from the years 1276, 1277 and 1278, which is consistent with historical records.

Silver ingot of the Yuan Dynasty (1271~1368 A.D.) followed similar patterns to Sycees from the Song Dynasty. The inscriptions carved or impressed on the silver ingot recorded their usage, cast institution, relevant officials, silversmith, date, etc. There were four kinds of silver ingot according to the content and arrangement of inscriptions. The first kind of silver ingot had many characters impressed on it, with the date on the head and the character "Yuan Bao" on the tail. The second kind had inscriptions impressed on the head but no date, and the place name like Pingyang or Taiyuan carved on the tail. The third kind, with inscriptions impressed on the head and no inscription on the tail, was the most common, especially the salt tax ingot of Zhending Road District. The place name was impressed horizontally or vertically, while the other inscriptions were impressed vertically. The fourth kind, with inscriptions carved on the front but no inscription on the back, had many characters that recorded usage, cast institution, relevant officials, silversmith, date, etc. The silver ingots, which mostly weighed 5 taels (187.5g) and were cast at nongovernmental institutions, had relatively simple inscriptions, normally the shop name or name of the silversmith like "Made in Wang Kai's shop", "Zhen-huw silver made in Yue Junmao's shop" and "Made in Zhu Junmao's shop" etc.

The Ming government (1368~1644 A.D.) established the Currency Diversification Monetary system when it was founded in order to avoid a copper coin deficit. Although copper coins, paper currency, gold and silver, grain, and textile were all used as currency to different degrees, they all had their shortcomings. For example, the limited amount of copper coins couldn't meet the demand of economic development; paper currency did not carry much credit which made it difficult to act as currency for extended periods of time; goods like grains and textiles were only emergency solutions for barter or paying revenues to higher authorities, and therefore not true currency; gold and silver in China were rare, valuable, and easy to store, which led to people holding onto them as assets. For various reasons, these currencies couldn't fully perform the currency function and meet market requirements, thus hindering the development of social economy. In the middle of the Ming

Dynasty (1436~1573 A.D.), with the development of overseas trade, huge amounts of silver flowed into the mainland. This development not only made up for the inadequate currency material at that time, but also brought a revolutionary change to the social commodity economy of the Ming Dynasty. In the first year of Emperor Ying Zong (1436 A.D.), the Ming government ordered that certain places where boats couldn't reach in the Jiangsu, Zhejiang, Hubei, Guangzhou provinces should pay a land tax – rice and wheat of the same value of Jinhua Sycee (Sycee with engraved patterns) to the State treasury. With this order, paying tax in silver officially became law. This also marked the moment when silver became a true, and widely used currency.

During the Wan Li period of the Ming Dynasty (1573~1620 A.D.), with the full implementation of "Law of Uniform Taxation According to Farmland", the currency functions of silver ingot were fully visible in taxes and all economic fields. The government demanded taxes be paid in silver ingot, including land tax, corvee labor, monopoly revenue, commercial tax, mine tax, tariffs, and other taxes. At the same time, silver ingot also replaced paper currency and copper coins in circulation and became a legitimate means of payment. Until this point, silver ingot had to a large extent replaced paper currency, copper coins, and other inherent currencies and became the main currency of the Ming Dynasty. It also could be said that the Ming Dynasty was the first state to establish silver ingot as standard currency.

As a result of the Ming government first banning and then promoting silver ingot, the cast was constantly changing, leaving a great variety of silver ingot with varied patterns. At the beginning of the Ming Dynasty, the government banned the circulation of silver and gold, but to no avail due to fact that the custom of using silver ingot was deeply rooted among ordinary people. At that time, the casting of silver ingot had gone underground and was mostly done in nongovernmental institutions, in various shapes, and without a standard. After the first year of legitimate Emperor Ying Zong, the use of silver ingot became gradually permitted, and the casting of silver ingot was no longer a process done underground. However, the government still kept a laissez faire approach to the casting of silver ingot which resulted in many types of silver ingot made by officers and ordinary people from different places without any standardization. During the Jia Jing and Wan Li period, the imperial court proclaimed that silver ingot sent and escorted by prefectures and counties should be inscribed with the names of officials and silversmiths.

However, this is only applicable to the silver ingot cast by official institutions. The silver ingots cast by prefectures, counties and other nongovernmental institutions were still not standardized. Based on the discovered silver ingots from the Ming Dynasty, shapes at that time were diversified, mainly hourglass, horse hoof, rectangle with a narrow waist, oval, boat, etc. Normally, silver ingots weighed 50, 20, 10, 5, 2 taels and 1 tael. Official silver ingots generally had detailed inscriptions including the place, date, usage, weight, name of silversmiths, inspectors, escort officials, and so on. Since small silver ingots were mostly cast by nongovernmental institutions, their shapes and inscriptions were not standardized.

During the Qing Dynasty (1644~1911 A.D.), silver ingots developed rapidly due to the Qing government's promotion to "use silver ingot mainly and copper currency in complement". After the Middle and Late Ming dynasty, large quantities of foreign silver dollars were flowing constantly into China and the Ming and Qing government actively exploited the silver, laying a solid foundation for adopting the silver system. Sufficient silver storage and free coinage in different places made silver ingot the key medium for state financial revenue and expenditure during the earlier period of Qing Dynasty, and the main currency in people's daily life. It was during the Qing Dynasty that Chinese silver ingot coinage and development reached its peak.

After the fourteenth year of Emperor Shun Zhi, the Qing government enacted a policy to use 70% silver ingot and 30% copper currency. And when officials levied taxes, if the amount surpassed 1 tael, taxes had to be paid in silver; otherwise people were free to choose whether to use silver or copper currency. The silver collected from different prefectures and counties was to be delivered to the local bank and converted into silver, cast into standard silver ingot, and then impressed with the date, place name, name of silver furnace, names of silversmiths, and for some, even impressed with various taxations and so on. Today, various taxes from Qing Dynasty have been discovered, such as taxes on land and people, donation tax, allowance, various likin, salt tax, tea tax, tariff, coastal defense duties, opium tax, etc.

The Qing government did not strictly regulate the casting of silver ingot, thus silver furnaces from different provinces had their own casting practices, and the shapes of silver ingot varied and included shapes such as: horse hoof, round, bowl, square, arch, weight, etc., weighing from 1 to 50 taels. At the same time, the Qing government made fine silver the standard silver ingot. The government accountants also used silver for calculation. At this time, silver fulfilled the function as currency in national revenue, royal expenditure, military expenditure, war reparations and commercial trade at home and abroad, etc. and became the standard currency.

During the Middle and Late Ming Dynasty, the Spanish found silver mines in America. With the establishment of the new route to the East, large amounts of silver dollars were brought into China by businessmen from Spain, Portugal and other countries to purchase Chinese tea, raw silk, china and other commercial goods. The foreign dollars were uniform and easy to count and trade, and gradually flooded into China's commodity market. According to historical documents, in the tenth year of Emperor Qian Long of the Qing Dynasty, Spanish and Portuguese silver dollars circulated in coastal areas such as Fujian and Guangdong Province, etc. These silver dollars were called foreign money or "cross-stitch money" by the businessmen of Fujian and Guangdong Province. The merchant ships from the Netherlands, Portugal and other countries would bring tens of thousands of silver dollars each time they came to trade with China.

Since Emperor Jia Qing's time, trade between China and western countries increased each year, thus the amount of silver dollars also increased. In the nineteenth year of Emperor Jia Qing (1814 A.D.), Viceroy of Jiangnan and Jiangxi provinces Jiang Yougu reported to the emperor that each year foreign merchant ships brought large quantities of silver dollars to trade, from hundreds of thousands to 4 or 5 million, which resulted in their widespread use among merchants, as well as ordinary people in China.

Meanwhile, the shortcomings of China's traditional silver ingot became apparent after people began trading with the foreign silver dollar. This also contributed to the widespread use of the foreign silver dollar and brought great convenience to the Chinese. As a precious metal currency, silver ingot was metage coin with a simple shape and name, while its quality and weight had no uniform standard. In commodity trading, the silver ingot presented challenges while calculating amounts, assessing quality, weighing, etc. In contrast, the foreign silver dollar was easy to count and standardized, making it convenient for trade. As a result, a variety of silver dollars from Spain, Mexico, the U.S., the UK, the Netherlands, France, Japan, and other countries flowed into China. During the early period of Dao Guang reign, the foreign silver dollar not only spread freely in the provinces in the southeastern coastal areas, but also made their way into the mainland. During the reign of Emperor Dao Guang, silver dollars weighing 36g with 80% to 90% pure silver from Spain, Mexico, the U.S., the UK, the Netherlands, France, Japan, and other countries were not used exclusively for purchasing Chinese commercial goods, but also exchanged for the equal amount of Chinese fine silver (silver purity of about 93.5374%), which was worth 20% to 30% more. At that time, foreign silver dollars circulated in Fujian, Guangdong, Jinagxi, Zhejiang, Jiangsu and the provinces south of the Yellow river, where they were used for taxes and trade. This lasted until the end of Qing Dynasty. According to incomplete statistics, by 1919, there were more than 15 kinds of foreign silver dollars used in China, amounting to an astonishing 1.1 billion Yuan, and which seriously hurt Chinese foreign trade, the outflow of silver and caused the price of silver to spike.

Government official Lin Zexu was deeply concerned about the situation, and was the first to propose monetary system reform by having China cast its own silver dollars. In the thirteenth year of Emperor Dao Guang (1833 A.D.), Lin was the provincial governor of Jiangsu. After he had seen the damage the foreign silver dollar brought to the Chinese economy, he suggested to the emperor that China cast a silver dollar similar to the foreign coins. Zhou Tenghu from Yanghu of Jiangsu province (a former aide and staff member of Zeng Guofan) proposed the method of referring to the weight of the foreign dollars when minting Chinese silver dollars in one of his books about mintage.

In the thirteenth year of Emperor Guang Xu (1887 A.D.), Zhang Zhidong, the Viceroy of Guangdong and Guangxi provinces suggested minting China's own silver dollar according to the actual circulation of foreign silver across China and the demand of foreign trade. He presented his advice to the imperial court, explaining that Guangdong should try to coin a Guangdong silver dollar by imitating the foreign silver dollar. Each dollar weighed 36.5g and was inscribed with four characters on its surface: "Guang Xu Yuan Bao". "Made in Guangdong province weighing about 36.5g" in both Chinese and English was inscribed around the four characters in order to trade with the foreign countries. The newly cast dollars were used to pay various governmental expenditures, including military expenditures, officials' salaries and daily payments, and also used to levy likin tax and for donations, salt tax and other taxes and tariffs in Guangdong, and were put into circulation along with foreign silver dollars.

In fact, the Chinese silver dollar system gradually matured after a long time of preparation and practice, so did the minting of silver dollar. Although the official institution of silver dollar minting began in the thirteenth year of Emperor Guang Xu (1887 A.D.) after the advice of Zhang Zhidong was approved and implemented, unofficial silver dollar minting could already look back on a lengthy history.

Thus, unofficial or nongovernmental institutions were the birthplace of the Chinese silver dollar. Ever since the period of Jia Qing and Dao Guang, there had been some private coinage of silver dollars that imitated foreign dollars. During the reign of Emperor Dao Guang, both Fujian and Taiwanese local governments coined silver dollars in order to pay for military expenditures. Examples found intact include the "Old Man" Silver cake, "Ruyi" silver cake, "Pen treasure" silver cake and Zhangzhou military silver cake. The "Old Man" silver cake imitated the Spanish Carolus dollar with the portrait of Shou-hsin, the god of longevity on the head side. The inscription of seal characters impressed on the left side of the portrait said "Mint in the time of Dao Guang", and both sides of the portrait were inscribed with "Silver cake of the standard purity". On the body of the god of longevity, there were "Seven Two by the Treasury scales" - four characters in regular script. A tripod was impressed on the tail side of the silver cake.

In the sixth year of Emperor Xian Feng (1856 A.D.), foreign merchants in Shanghai used the Mexican silver dollar as an accounting currency without authorization, instead of using the standard Spanish Carolus dollar, and set the price ratio between these two. Under pressure from foreign merchants, Shanghai authorities were forced to agree to the circulation of Mexican silver dollars in Shanghai and authorized three shops belonging to Wang Yongsheng, Yu Sensheng and Jing Zhengji to exchange the Mexican silver dollar and produce "Shanghai silver cakes" that imitated the shape of the Mexican silver dollar and had two different values: 1 tael and half a tael. However, due to the appearance of many counterfeits, the minting of "Shanghai silver cakes" was soon forced to stop.

In the tenth year of Emperor Guang Xu (1884 A.D.), under the leadership of the General of Jilin province Xi Yuan, the first set of Chinese silver dollars mint by modern steam powered machinery– the Jilin Chang Ping silver dollar–was produced. "Jilin" meant "Chuan Chang" which literally meant shipyard in the language of Manchu, while at that time the silver dollar adopted the Ping Se (meaning standard purity) of Jilin as the unit of measurement, and so the silver dollar was called "Chang Ping". This set of silver dollars, with tael as the measurement of value, was originally intended for soldiers' pay and provisions. Unfortunately, it was not approved by the Qing government and was abandoned.

When Zhang Zhidong took office as the Viceroy of Guangdong and Guangxi provinces, ,he proposed to set up the "Guangdong Mint" in Guangzhou according to economic development and the demand for foreign trade in Guangdong province and was granted approval in February of the thirteenth year of Emperor Guang Xu (1887 A.D.). He ordered an entire set of modern coin-minting machinery from Heaton Mint in Birmingham, England, and hired foreign technicians. Two years later, Guangdong Mint started to produce the Guangxu silver dollar. One year later, after test production and changes were made, five types of new silver dollars were officially issued. The head of this coin was impressed with four characters: "Guang Xu Yuan Bao", with "made in Guangdong province" impressed above and the face value impressed below. The tail side of the coin was impressed with a dragon pattern, the location, and the face value in English. This marked the beginning of the official casting of the silver dollar. After the new silver dollar was issued, it circulated so well that the Qing government made it the legal tender of China, which meant that people were required to pay land taxes, tariffs, likin taxes, donations, etc. with this silver dollar.

After Zhang Zhidong was transferred to the post of Viceroy of Huguang, Hubei province also set up a mint to produce silver dollars following Guangdong province's example in the twenty-first year of Emperor Guang Xu (1895 A.D.). Meanwhile, Tianjin Beiyang machine manufacturing bureau also produced a supplementary silver dollar. At this time, many provinces started to follow their example and set up mints. By 1894, more than ten provinces, including Guangdong, Hubei, Beiyang, Jiangnan, Xinjiang, Anhui, Hunan, Fengtian, Jilin, Fujian, and Yunnan had set up mints and more were being built. During that time, the provinces were free from the jurisdiction of the central government, which resulted in monetary chaos and a huge variation in the quality of the silver dollars minted towards the end of the Qing Dynasty. There were three main problems with the silver dollar minted by different mints. First, the silver purity and weight of the dollars were different, which meant their market prices were also different. Second, the silver dollar included the name of the province where it was minted, and provinces refused to use silver dollar made in other provinces, making circulation across China difficult. Third, a surplus of silver dollars arose due to too many mints. These issues made the Qing government realize the need for standardized manufacturing. Thus, in the twenty-fifth year of Guang Xu (1899 A.D.), the Qing government decided to cut down and merge the mints in every province. The amount of silver dollars each province needed would be produced by the mints in Guangdong and Hubei province.

Although many mints were shut down or merged, the issue was not resolved. The new silver dollar adopted the same unit of weight as the Mexican silver dollar rather than that of China's traditional silver system, causing calculation problems. For this reason, some people proposed to reform the monetary system and change it to the silver dollar system which conformed to the Chinese traditional tael system. Sheng Xuanhuai, an officer of the Ministry of Foreign Affairs in the Qing Dynasty, proposed reforming the monetary system in September of the twenty-second year of Emperor Guang Xu (1896 A.D.). He explained that the silver dollars minted by Gunagdong, Hubei, Beiyang and Nanyang (Jiangnan) were weighed according to the Mexican silver dollar, while the imperial court used the tael unit. However, it was impossible to substitute silver ingot with the silver dollar, and transfers between treasuries had to use the shoe-shaped silver ingot. Thus, it was necessary to set up the central mint in Beijing and local mints at Gunagdong, Hubei, Tianjin and Shanghai. Each dollar weighed 1 tael. In addition, the governor of the imperial prefecture Yi Hu, supervisory censor Wang Pengyun and other officials also proposed unifying the monetary system by producing silver dollars based on the tael unit.

The fall in the price of silver relative to gold after 1870 until 1900, and heavy reparations from the First Sino-Japanese War and Boxer Indemnity totaled 680 million taels of silver (105,181,884 pounds). This resulted in a huge loss of silver in China, and led to additional losses caused by more or less clause. It was then that the Qing government realized that the silver standard was out-dated and monetary reform was imperative. At the same time, Britain, the United States and other countries, troubled by the inconvenience of currency exchange, forced the Qing government to reform its monetary system in order to expand their economic interests in China. On the 25th day of the third month of the 29th year of his reign, Guangxu Emperor approved the monetary reform and ordered the construction of the Central Mint in order to produce new silver coins weighing one tael. To straighten out financial affairs and establish a unified monetary system, the Ministry of Revenue set up the Department of Finance while looking for an ideal site for the Central Mint in Tianjin. In the 29th year of Guangxu (1903 A.D.), the Central Mint was unveiled in Tianjin, and became the first mint to issue large silver coins on a trial basis. These coins weighed one tael and came in five denominations: 50 g (one tael), 25 g (five maces), 10 g (two maces), 5 g (one mace) and 1 g (five candareens). The Qing government issued national silver coins to create a better fiscal outlook and unified the currency system for the first time in history.

In the eighth month of the 30th year of Guangxu (1904 A.D.), Zhang Zhidong the governor-general of Hu-Guang, reported the benefits of tael system to the imperial court, arguing that the circulation of silver dollars in many provinces was nothing but an expedient against the circulation of foreign currency. In his opinion, it was better to retain the tael system since it had been used for national expenditures and tax collecting for years, and it was difficult to collect taxes with silver dollars under the tael system since taxation in China was too complicated to be estimated using silver dollars. Based on his proposal, Hubei Mint issued silver coins that weighed one tael on a trial basis in the 30th year of Guangxu (1904 A.D.). In 1905, Zhang's argument was supported by Yuan Shih-K'ai and other officials including Na Tung. On the 23rd day of the 12th month of the same year, the Kuping one tael was approved as the currency unit by the Department of Finance. In 1906, the Central Mint issued Bingwu one-tael silver coins.Thus, the issue of one-tael silver coins was a crucial part of monetary reform during the late Qing Dynasty, and demonstrated the government's determination to pursue monetary reform.

However, it soon became apparent that one-tael silver coins failed to fit into the social economic situation. These new coins were heavier and could not compete with the widely-used dragon dollars, and were therefore removed from circulation for their inconvenience by the Ministry of Finance in 1907.

The Ministry of Finance issued Provisions on the Weight and Purity of New Coins, and introduced the yuan system in 1907. In the same year, the Central Mint in Tianjin issued silver coins weighing 27g, as well as silver coins inscribed with "Guangxu Yuanbao" which served as the backing funds for note-issuing by the Bank of the Qing Dynasty China.

This did not signify the end of reforming the monetary system. On November 26, 1907, the Qing government consulted civil and military governors from different provinces about the unit and purity of silver dollars. Eleven provinces were in favor of the one-tael system while eight provinces supported the 27g (seven-mace-two-candareens system); four provinces advocated the use of silver coins of 100% purity while other four were in favor of 90% purity. The Ministry of Finance, however, argued that 27g silver coins had been widely accepted by the public and should not be replaced by one-tael silver coins. The two sides deadlocked over this issue, making the decision even more difficult for the Qing government, which later had to invite District Office and the Consulting Department to join the debate. In the eighth month of the 34th year of Guangxu Emperor, minister Tang Shaoyi returned and suggested that a monetary system should be established as soon as possible. The imperial court pressed the District Office for a decision, and the latter, together with the Consulting Department, submitted memorandums advocating a standard silver currency unit of one tael, and silver coins of 100% or 90% purity, all of which were finally approved by Guangxu Emperor.

It seemed that the debate was over. However, as the political situation changed greatly after the death of Guangxu Emperor and Empress Dowager Cixi, those approved memorandums turned into empty words. The Shanghai General Chamber of Commerce was the first to advocate the seven mace two candareens system. In 1909, Zaize, Minister of Finance proposed the dollar system instead of tael, arguing that earlier decisions made by Zhang Zhidong and Yuan Shih-K'ai were not carefully examined and considered. In the fourth month of the second year of Xuantong (1910 A.D.), the Qing government passed the Act of Currency, which introduced the "yuan" system with standard silver dollars weighing 27g (7 mace and 2 candareens), plus fractional currencies of silver and bronze coins in smaller denominations. According to the Code of Currency, the yuan (7 mace and 2 candareens) was the unit of currency as the silver dollar became the national currency. The Act also defined the purity of silver coins and reserved the right of coinage to the central government.

The Central Mint in Tianjin, in accordance with the Act of Currency, made silver coins inscribed with "the first year of Xuantong" and "the third year of Xuantong".

The revolution of 1911 overthrew the Qing government, and all silver coins made by different mints were used to pay the troops and circulated as currency in the market.

After the establishment of the Provisional Government of the Republic of China in February 1912, the former Jiangnan Mint was taken over by the Ministry of Finance and issued Sun Yat-sen "Memento" coins commemorating the founding of the Republic of China. At the same time, the Wuchang Mint issued commemorative coins with images of Li Yuanhong.

In February 1914, The Nationalist government carried out Regulations on National Currency and Rules on Implementation, adopted a silver standard and made the silver dollar the national currency with denominations of one yuan, half yuan, 20 cents, and 10 cents. Silver coins with a face value of one yuan weighed 27g (7 mace and 2 candareens), and were 90% silver and 10% bronze; silver coins with a face value of half a yuan weighed 3 mace 6 candareens; 20 cents weighed 1 mace 4.4 candareens; 10 cents weighed 7.2 candareens. The last three types of coins were all composed of 70% silver and 30% bronze. Slight variations in weight were permitted up to 3‰, and national currency-no matter the form-was accepted throughout China. Later, the purity of the silver coin with a face value of one yuan was set at 89% in order to facilitate the transition from dragon dollars to new silver coins.

In December 1914, the Central Mint became the first to make new silver coins which had portraits of Yuan Shih-K'ai and the year of issue on the front, and images of grains and the denomination on the reverse side. This new type of silver coin, simply referred to as the "Yuan Shih-K'ai silver dollar", had denominations of one yuan, half yuan, 20 cents, 10 cents, and 5 cents. Unified in shape and precise in purity and weight, this new type of silver coin was easy to recognize and soon became popular throughout the country.

The Nationalist government moved to Nanjing in 1927 after the Northern Expedition which brought down the Northern Warlords. The production of the Yuan Shih-K'ai silver dollar ceased as a result of the increased hatred towards Yuan. Slightly modifying the earlier version, the government resumed production of the Sun Yat-sen Memento coins which were made in mints at Nanjing, Tianjin, Zhejiang, and Sichuan.

The Nationalist Party of China decided to abandon the tael system for the yuan system at the national economic conference in 1928. The National Currency Bill which contained fourteen articles was issued. Article Four lays out that "types of national currency shall include: standard coins, namely one-yuan silver coin, three types of silver fractional currency in denominations of 50 cents, 20 cents and 10 cents, as well as three types of bronze fractional currency in denominations of one fen and half fen." Article Six outlined the weight and purity of national currency: "standard coin shall weigh 37g, and shall be made of 89% silver and 11% bronze; 50-cents silver fractional currency shall weigh three mace and six candareens and be made of 70% silver and 30% bronze; 20-cents silver fractional currency shall weigh one mace and four candareens and be made of 70% silver and 30% bronze; 10-cents silver fractional currency shall weigh seven candareens and be made of 70% silver and 30% bronze." The government also planned to build the Shanghai Central Mint for the production of new silver dollars. The tael system finally came to an end and the silver coin standard was established.

The construction of the Shanghai Central Mint started in 1928 and was completed in 1930. During this period, the Nationalist Party of China entrusted several foreign mints with the design of new coin molds including silver coins with images of Sun Yat-sen and the earth, silver coins with images of Sun Yat-sen and Jiahe, silver coins with Sun Yat-sen's portrait and a sail boat on the front, and silver coins with Sun Yat-sen's portrait and a sail boat on the reverse side. It's worth mentioning that the molding of the silver coin with Sun Yat-sen's portrait and a sail boat on the reverse side was entrusted to five countries (Austria, Japan the United States, the UK and Italy) and were issued by Hangzhou Mint. All these silver coins were trial patterns.

American economist Professor Edwin Walter Kemmerer was invited by the Nationalist government heading the Commission of Financial Experts working for the currency reform in 1929. A year later, the Committee submitted a plan proposed a gold standard unit without actual gold circulation, which was later referred to as the "Kemmerer Project." In 1931, the Nationalist government decided to adopt the plan and ordered customized gold standard coin molds from the United States Mint in Philadelphia. After the arrival of the gold-standard coin molds in 1932, the Shanghai Central Mint issued trial gold-standard coins in six denominations including 1 dollar coins plus 50 and 20 cent pieces made of silver, there would also be nickel 10 an 5 cent pieces and coppers of 1 and 1/2 cent.

The Kemmerer Project was widely discussed and seriously criticized for being impractical, and the government had no choice but to abandon it. The words "one-yuan gold-standard coins" were removed, while patterns of three birds which had been beneath the sail boat were placed over the boat, resulting in the birth of the "three-bird coin". However, the coin was banned after the Anti-Japanese War broke out, since the patterns of the sun and flying birds were regarded as ominous symbols of the Japanese air strikes against China. In 1933, the "three-bird coin" was redesigned, with patterns of the sun and flying birds removed and the words of "twenty-first year (of the Republic Era)" were replaced with "twenty-second year (the Republic Era)". The new coin, later referred to as the "silver coin with the images of the sea and sail boat", was made the first national currency in fixed forms and was produced in large quantities. The coin was redesigned in the twenty-third year of the Republic Era and issued on a large scale.

In the years of 1933~1934, the United States abandoned the gold standard after adoption of Thomas Amendment, which authorizes the president to return the country to a bimetallic standard that would define the dollar in both a gold equivalent and a silver equivalent, and provide for the unlimited coinage of gold and silver. President Roosevelt authorized the Silver Purchase Act of 1934 which authorized the government to purchase silver until either the monetary value of the United States' silver stock equaled one-third of the value of its monetary gold, or the market price of silver climbed to the monetary value of $1.29 per ounce. This caused a massive outflow of Chinese silver and deflation in China. Finance was obstructed, and industry and commerce had trouble with fund turnover. Facing these issues, the Nationalist government issued a decree to increase taxes on the export of silver with an aim to restrain the massive silver outflow. Despite their efforts, the export of silver was never significantly reduced. According to a report made by the American Board of Commerce, 15 million dollars of silver was imported in November 1934, of which over 7.5 million dollars were from China. In the meantime, Japanese merchants purchased silver coins in great quantity, carried them to Japan, and then transported them to sell in Britain and America. The outflow of silver per month reached over 6 million yuan in the years 1934 and 1935. In September 1935, The British Chief Economic Adviser, Sir Frederick William Leith-Ross, was sent by the British government to China to make monetary reform plans. In November 1935, following the Anglo-American plan, the Nationalist government decided to implement the flat money policy. "Starting from the fourth day of this month, the legal tender is paper notes distributed by the Central Bank, the Bank of China, and the Bank of Communications. The legal tender shall be used for taxpaying and trading. Gold and silver money is not allowed and shall face confiscation." Thus, the silver standard system was abolished, silver was turned over to the government as the margin for flat money, and the exchange rate fluctuated with the selling price of silver, as the funds of currency reform were supported by selling sivler. From then on, silver was withdrawn from China's monetary circulation. Silver coins became illegal, and the already-manufactured silver coins with Sun Yat-sen's portrait and a sail boat were rejected in circulation.

However, less than two months after the implementation of legal tender, due to the huge difference of silver price in China and in US and the delay of shipments of previous purchased silver the US Department of Treasury dropped the buying price of silver thus the world price falls almost identical to US domestic price. This caused the price of silver to plummet, resulting in not only the Nationalist government's great loss in silver trade, but also the cutoff of exchange fund sources that had helped keep the legal currency system afloat. After repeated interventions from the American government, in 1936, the Minister of Finance of the Nationalist government, Kung Hsiang-his, dispatched K. P. Chen and Kuo Ping-Wen to America for negotiations on currency value with U.S. Treasury Secretary Henry Morgenthau, Jr. The latter demanded that China promise to have no contact with the British pound, to reproduce silver coins with the help of the U.S. Mint, and to increase the proportion of silver in reserves, as well as loosen restrictions for silver used in crafts. On May 5th, the two parties officially signed the US-China Gold-Silver Agreement 1936, and China customized 10 million dollar worth of silver coins from America including 5 million each of one-dollar and half-dollar pieces. Although neither of the two types of silver coins entered circulation, there is no denying that they are the last silver coins in Chinese monetary history.

From its discovery to its role as currency in the true sense, the use of silver spans over 2,000 years and it is clear that silver has come a long way. Not until the middle of the Ming Dynasty, when the stock of silver increased greatly as overseas trade thrived and enabled silver's transformation into currency, did silver evolve from its centuries-old role of symbolic currency with wealth as its main function to a true currency in circulation. Later, as silver currency went through the Ming and Qing Dynasties, not only did silver casting techniques tremendously improve, but so did the circulation process – before this time, silver had to be weighed and examined for quality. Later, the value was measured by the number of coins, thus allowing it to become a popular modern currency.

第一部分　　铤锭春秋

　　铤是什么？许慎注《淮南子》曰："铤者金银铜等未成器铸作片,名曰铤。"贵金属金银坯料因其自身的价值,在其形成器物之前,可直接作为贮藏和大宗支付之用,进而逐渐演变为贵金属称量货币。

　　铤形成的时代,可以追溯到东汉。这从东汉许慎的《说文解字》和所注《淮南子》中对铤的注解中可以看出。铤是什么形状？彭信威《中国货币史》中说："铤是一种长方形的东西,多成条形,但也未必固定于某一形式。"加藤繁(日)《唐宋时代金银之研究》中记载："是具有条形的地金,其所以称为铤者,也如木长称梃,竹长称莛一样,故称金属地金之长为铤。……当有长而且正直的意思。古代中国人的习惯凡是长而且直的东西都称挺。"这仅仅对铤的字面理解,然而,唐代金银铤的出土证实了铤的形状是长条形。1956年,西安市唐大明宫遗址出土了4件唐代银铤,其中3件的铭文中出现"铤"的字样。如一号铤"天宝十载正月日税山银铤五十两正",二号铤"宣城郡和市银壹铤五十两专知官大中大夫使持节宣城郡",四号铤"郎宁郡都督府天宝二年贡银壹铤重五十两朝仪郎权怀泽郡太守权判太守兼管诸军事上柱国何如璞专知官"。1963年,陕西省长安县韦曲出土一件"天宝十三载丁课银每铤五十两"。可见,唐代银铤是直形的,而且"一铤五十两"似乎说明"铤"已包含了单位意义。

　　到了唐代晚期,铤出现了一个特别的形状,陕西蓝田唐代金银窖藏出土一件造型接近于倒置的小案、弧底、卷腿的银铤。因为与之共同出土的还有一件钤有"咸通七年十一月十五日造"的凤衔绶带纹五瓣银盒,所以,可以认定这种类似船型的银铤是晚唐之物。

　　两宋时期,白银货币已上升为重要通货之一,官方和民间使用普遍,且不受地域限制,可以与当时纸币和铜钱的兑换。银铤的形制也发生了很大的变化,由直形演变为面大底小的束腰线板形。有平首束腰、圆首束腰、弧首束腰等三种。重量有五十两、二十五两、十二两半、六两、三两不等。金代是与南宋同时并存的北方王朝,其银铤的形制和重量与南宋银铤相差无几,并以五十两为主。

　　元代银铤的形状与宋金别无二致,但是,银铤的称谓却发生了变化。据《元史·杨湜传》记载:(至元三年),"以湜为诸路交钞都提举,上钞法便宜事,谓:'平准行用库白金出入有偷滥之弊,请以五十两铸为锭,文以元宝',用之便。"在这段话中已经将银铤的称谓改为银锭,同时,告诉我们在银锭的背面都要铸"元宝"两字,这是"元宝"一词出现在银锭上的最初记载。

　　明代政府对白银货币采用的是先抑后扬政策,这使得银锭的种类和式样繁杂。明初政府严禁金银流通,银锭的铸造以民间铸造为主,形制多样,且不规范。正统元年以后,银锭铸造合法化,朝廷对各州县上解银锭的铸造有"每锭皆凿官吏、银匠姓名"的要求。因而,我们看到的明代赋税银锭都基本遵守这样规定,如万历绍兴府萧山县五十两银锭铭文记述非常完整:"绍兴府萧山县万历十五年分三六轻赍银五十两 万历十六年三月知县刘会史臣杜邦银匠吴正。"时间、地点、用项、官吏、银匠等一应俱全,是明代税银的典型代表。

明代银锭形状有圆首束腰形、扁马蹄形、扁长方形等。重量有五十两,二十五两,十两、五两、三两、二两、一两等。银锭的成色早期有花银、金银花,晚期有纹银以及雪花银、细丝、松纹、足纹等不同称谓。

清代银锭是中国银锭铸造和发展的鼎盛时期,银锭的铸造有官铸和私铸两种。官铸是由官府设立的官银匠或官设的银炉铸造的,这些银炉大多附设在布政使藩库、盐库、官银钱局、海关、厘金局等里,其业务就是把收缴上来的不同形状、不同成色的银两统一熔铸,以方便留存和上解国库。这种官铸课银通常在锭面上要钤上铸锭机构的名称、地名和纪年。私铸多半是由银炉主持,有南北之分。北方的炉房除铸锭外,还兼营存放款、兑换业务、鉴定验色的职责。南方的银炉大都是钱庄之间建立的共同组织,在铸造银锭的同时还为各家银炉进行统一公估,即鉴定银锭成色。公估机构的主要业务有两项,一是看称,即以平码为准,将各种标准不同的衡制换算成本地通用的衡制标准。二是看色,即鉴定银两的实际成色和鉴定银锭的真伪,请有经验的公估人员凭目测、听声来判断银锭的质量,其准确率与化学分析相差无几。公估机构一般有官办、商办、官督商办三种,北京是官办,上海天津等地以商办为多,云南是官督商办。

唐

進奉銀壹鋌重壹佰兩

嶺南觀察使幷判官建

镇海军节度浙江西道观察处置等使

冬进奉银壹佰两银铤

字：贺冬 进奉银壹铤重壹佰两 镇海军节度浙江西道
观察处置等使银青光大夫检校尚书左仆射使持
节润州诸军事兼润州刺史御史大夫上国柱闻喜
县开国伯食邑七百户臣裴璩进

量：3950 克

寸：通长 325 毫米，通宽 89 毫米，厚 14 毫米

"贺冬"即祝贺冬至日，贺冬银是官员在冬至节进奉
白银。进奉者裴璩（864～904），绛州闻喜人，乾符三
五年（876～878）任浙江镇海节度。银铤上的"镇海
节度浙江西道观察处置等使银青光大夫检校尚书左
射使持节润州诸军事兼润州刺史御史大夫上国柱闻
县开国伯食邑七百户"是裴璩的各种职务名称。

岭南观察使并判官建中二年停减课料银伍拾两银铤

刻字：岭南观察使并判官建中二年二月停减课料银伍拾两官秤

侧面：匠百忠

重量：2102.9 克

尺寸：通长 265 毫米，通宽 75 毫米，厚 10 毫米

　　岭南是唐代重要金银产区之一。据唐《元和郡县图志》卷三四记载："岭南道则有端州、康州、封州、韶州、桂州、贺州、昭州、象州、柳州、龚州、富州、思唐州、宾州、澄州、横州、钦州贡银。"值得重视的是，该书提到了岭南端州的"开元贡"中有"银四铤"，即端州在开元年上贡的贡品中有银铤4件。"岭南观察使"即"岭南道观察使"。"判官"为官吏名，唐代中期节度使、观察使、防御使均置判官，判官的作用是协助节度使、观察使、防御使等官吏佐理政事。"停减课料

度牒银永州课伍拾两银铤

刻字：永州课伍拾两　度牒银　刺史崔亢佳
重量：1860.3 克
尺寸：通长 175 毫米，通宽 90 毫米，通高 50 毫米

　　度牒是古代国家发给依法得到公度为僧尼的证明文件。僧尼持此度牒，可以免除课税徭役。因此，僧尼受牒必须纳钱。于是，买卖度牒就成了一项政府的财政收入。唐代中宗景龙二年（708）始，就出现了买卖度牒的现象。天宝十四年（755），安禄山叛乱，政府为了增加财政收入，就派人到太原去纳钱度僧尼道士，十天左右得钱百万缗。晚唐时，卖牒的风气更加盛行。该铤形状呈船型，应该是晚唐时期将卖牒所得的钱折换成白银，再铸成银铤上交国库的财物。

右尚坊天九和市银叁拾两银铤

刻字：右尚坊天九 卅两 和市银

重量：1145 克

尺寸：通长 140 毫米，首宽 75 毫米，通高 57 毫米

　　"和市"的本义是商品买卖时的价格与数量需经买卖双方同意。但事实并非如此，《唐会要·卷六三·御史台下》记载：景云二年（711）监察御史韩琬曾说："顷年国家和市，所由以克剥为公，虽以和市为名，而实抑夺其价。"可见，唐代的和市是通过豪门坐贾进行的，虽说是和市，其实是豪夺。因此，所谓和市就是唐政府定出低于市场的价钱强买粮食或布绢等物。和市银是在和市中得到的财物折变成银，再铸成的银铤上交国库。

背"阴"伍拾两船型银铤

戳记：阴
重量：1900 克
尺寸：通长 195 毫米，通宽 110 毫米，通高 70 毫米

伍拾两无字船型银铤

重量：1916.9 克

尺寸：通长 195 毫米，通宽 102 毫米，通高 75 毫米

宋

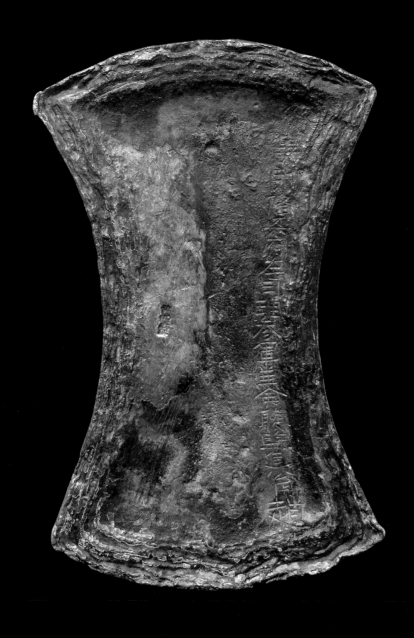

隆兴府公用银伍拾两银铤

刻字：从事郎隆兴府 左司理参军兼金厅 监造 公用 赵
戳记：万盛
重量：1955 克
尺寸：通长 146 毫米，首宽 94 毫米，腰宽 50 毫米，厚 21 毫米

　　"公用"即"公用银"，是公用钱（公使钱）折银。公用钱是宋代中央及地方上重要的专项行政支出，主要用于招待过往官员、犒赏用开支、高级武官的个人津贴、置办公共物资等。公用钱主要来源于地方税收、各类经营收入和中央划拨。"隆兴府"，今江西南昌。"从事郎"，文散官名。"左司理参军"，从八品，主管刑审，到南宋时期，与期它州县的属官一样，常兼领其它方面的事务，包括帑藏之事。"金厅"，这里指签押公文之职事。从整个铭文来看，公用银在经收、监管及铸造上是管理细致的。当前发现的宋铤中，多是年额上供用银或是商用银，而该铤是地方存留性质的用银且官方监造，记述完整，为迄今之仅见。

建康府淳祐柒年进奉圣节银伍拾两银铤

刻字：建康府起解进奉淳祐柒年分圣节银每铤重伍拾两专库王铣匠人程元寿　宿 十月初九日 迪功郎建康府司户参军
　　　兼监赵兴装 文林郎建康府录事参军兼监张士逊

戳记：贾寔 沈执中 京销 邢文彬

重量：2013 克

尺寸：通长 145 毫米，首宽 90 毫米，腰宽 57 毫米，厚 21 毫米

　　圣节，即天基圣节，是南宋理宗赵昀（1205~1264）的生日。宋代的地方上供有很大一部分是向皇帝进献财物，尤其是每逢皇帝生日，各地都要向皇帝上供祝寿财物，通常是金银、钱、丝绸、茶、香药、珍宝等等。这件五十两银铤是建康府于淳祐七年（1247）进奉理宗皇帝生日的天基圣节银，十月初九日上供，由迪功郎建康府司户参军兼监赵兴装和文林郎建康府录事参军兼监张士逊督办。

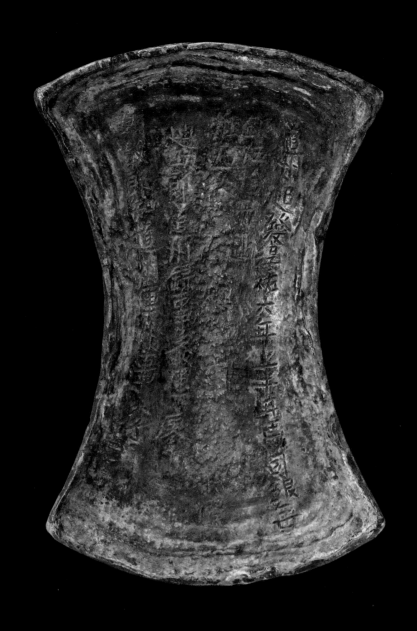

道州通判厅起发淳祐六年马司银伍拾两银铤

刻字：道州起发淳祐六年上半年马司银每铤伍拾两赴淮西总领□□□□　迪功郎道州录事参军廖　朝散郎知道州军州
　　　事李

重量：1947 克

尺寸：通长 144 毫米，首宽 96 毫米，腰宽 60 毫米，厚 21 毫米

　　马司，即提举茶马司，设于四川，负责全国茶叶的供应和军队战马的供应。战马在南宋的军事装备中地位极为重
要，在军费开支中，所占的比重很大。南宋境内产马很少，战马主要依赖从西蕃和广西少数民族地区购买，有时也向金
和蒙古购买。通常每年需买战马万匹上下。而用于运输物资之用的马，则是向湖北湖南等地买土产马。当时，马匹的
价格很高，而且是随物价逐渐上涨。据史书记载，绍兴末年年后，一匹马连同运费达钱数百缗，实际上，买马费用是用银、
茶、绢来支付的。马司银，是南宋时为了买马而征收的银两。从其铭文来看，这件五十两银铤是理宗淳祐六年(1246)
在湖南道州征收和送赴建康府淮西总领所交纳的。

都大提点司课利银贰拾贰两银铤

刻字：瑞应场课利银赴 都大提点司交纳
重量：801 克
尺寸：通长 110 毫米，首宽 75 毫米，腰宽 48 毫米，厚 13 毫米

　　瑞应场，南宋著名银矿，位于福建建宁府松溪县。课利银，即课利钱折银，这里是指银矿的课税。"都大提点司"全称"都大提点坑冶铸钱司"，执掌金银铜铁等矿产的开采与冶炼，同时监管铜钱铁钱的铸造。该铤既是"扑买"制度的见证，也是目前唯一发现的与宋代官方铸钱机构相关的税银，弥足珍贵。

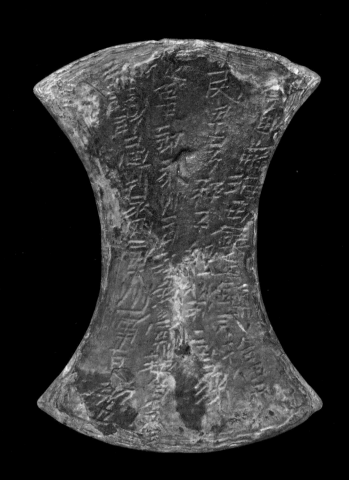

永州解淮西银贰拾伍两银铤

刻字：今申解淮西银每铤贰拾伍两 民字号 秤子经荣唐深 从事郎永州司法参军赵皋审 奉议郎通判永州军州事卓
　　邦丘
重量：992 克
尺寸：通长 110 毫米 首宽 78 毫米 腰宽 42 毫米 厚 18 毫米

　　上供银是地方向朝廷输送白银，这些白银来源于坑冶、专卖品钞引买卖收入、各种实物及税收折银，各州为了完成
上供白银的数量，需要向金银铺买银。同时朝廷对上供进奉的白银有明确的重量规定。南宋庆元年间（1195~1200）的
《辇运令》规定：上供金银要用上等的成色，白银要鞘成铤，大铤五十两，小铤二十两。该银铤为二十五两，是湖南永州
上解到淮西总领所的上供银。

德庆府上供银贰拾伍两银铤

刻字：德庆府起发上供银监官黄迪功银匠黄庆
戳记：京销铤银 赵铺 重贰拾伍两 沈执中
重量：907 克
尺寸：通长 107 毫米，首宽 71 毫米，腰宽 46 毫米，厚 17 毫米

广州上供银拾贰两半银铤

刻字：广州上供银
戳记：京销铤银 韩宅
重量：446 克
尺寸：通 88 毫米，首宽 57 毫米，腰宽 38 毫米，厚 11 毫米

肇庆府淳祐四年纲银拾贰两半银铤

刻字：肇庆府淳祐四年押纲李士良匠张王监官

戳记：京销铤银

重量：467 克

尺寸：通长 82 毫米，首宽 57 毫米，腰宽 32 毫米，
　　　厚 15 毫米

　　把上供的白银编组成纲叫纲银。"纲"是纲运的意思，宋时，把需要运输的官物编组成若干单位，每个单位为一"纲"，由相关官吏监押，使用军队或差雇来的百姓运送，走水路谓之漕运，走陆路谓之陆运。运粮即纲粮，运银即纲银。

郴州起发淳祐八年纲银拾贰两半银铤

刻字：郴州起发淳祐八年下半年纲银赴淮西总所交纳

戳记：霸北街东 重拾贰两半 赵孙宅

重量：407 克

尺寸：通长 85 毫米，首宽 60 毫米，腰宽 40 毫米，厚 10 毫米

　　淮西总领所，设在建康。总领所，全名"总领诸路财赋军马钱粮所"，是南宋早期为解决财政经费而特设的。它是介于朝廷户部与诸路专运司之间的一级专门理财的机构，主要负责供应某一方面御前诸军需要的钱粮帛绵等。当时共有四个总领所，分别是：淮东总领设属镇江、淮西总领设属建康、湖广总领设属鄂州、四川总领设属利州。四总领所的设立，对南宋财政上起到了重要的作用，各路州军赋入等是根据朝廷规定的窠名和定额由总领所统一调配。

新州解发淳祐四年鄂州纲银拾贰两半银铤

刻字：新州解发淳祐四年鄂州纲银

戳记：京销铤银 范八郎

重量：449 克

尺寸：通长 89 毫米，首宽 59 毫米，腰宽 38 毫米，厚 10 毫米

梅州纲运银拾贰两半银铤

刻字：梅州起发纲运银

戳记：京销铤银 王宅

重量：426 克

尺寸：通长 89 毫米，首宽 59 毫米，腰宽 37 毫米，厚 10 毫米

广东运司拾贰两半银铤

刻字：广东运司

戳记：京销铤银 吴宅

重量：448.9 克

尺寸：通长 91 毫米，首宽 61 毫米，腰宽 40 毫米，
　　　厚 12 毫米

广东运司拾贰两半银铤

戳记：京销铤银 赵孙宅 广东运司

重量：461 克

尺寸：通长 88 毫米，首宽 60 毫米，腰宽 42 毫米，
　　　厚 11 毫米

　　运司即转运司，转运司是宋代政府为了加强中央对地方财政的集中管理而分路设置的，是中央计司（预算机构）的派出机构。广东运司，全称广南东路转运司。绍兴年之后，广东转运司每年桩办得钱五万缗，均分作银本。这显示转运司在监督州军征收上供年额的同时，还需提供部分资金来购买白银用以上供。银铤上广东运司的戳记打得很浅，显然不是和京销铤银等其他戳记同时间砸上去的，这说明是广东运司到临安先从金银铺买来银铤，后砸上"广东运司"的戳记。

银的历程——从银两到银元

广东运司铁线巷南拾贰两半银铤

戳记：铁线巷南 广东运司 王宅 重壹拾贰两半

重量：460 克

尺寸：通长 90 毫米，首宽 58 毫米，腰宽 39 毫米，
　　　厚 12 毫米

广东运司简讼坊南拾贰两半银铤

戳记：简讼坊南 吴二郎 重拾贰两半 广东运司

重量：435 克

尺寸：通长 85 毫米，首宽 59 毫米，腰宽 42 毫米，
　　　厚 11 毫米

简讼坊，温州街坊名。

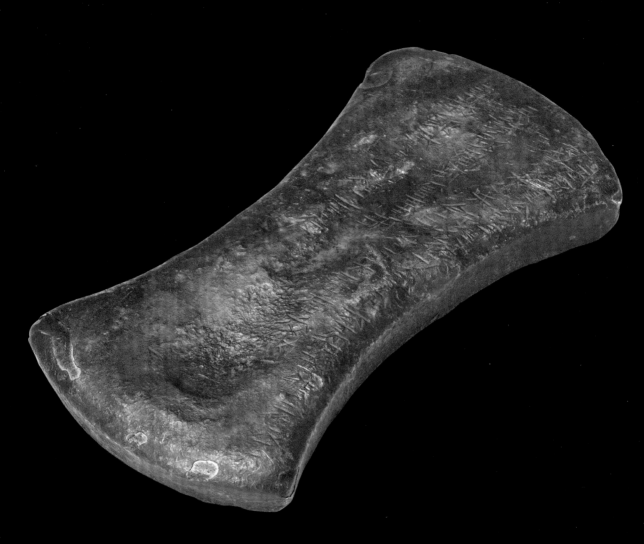

武冈军解淳祐十年春季经总银伍拾两银铤

刻字：武冈军今解淳祐十年春季经总银二佰八十六两二钱大小六铤赴淮西大军库交纳　承议郎通判军事胡　朝散郎武
　　　冈知军事何
重量：2012 克
尺寸：通长 164 毫米，首宽 84 毫米，腰宽 56 毫米，厚 20 毫米

　　经总制钱是南宋时期一种无名杂敛,一种特殊的附加税,是南宋财政收入的主要来源之一。经总制银是经制钱和
总制钱的总合,其表现在银两上被称作经总制银。
　　武冈军位于湖南路西部,今湖南武冈。淮西大军库是淮西总领所所属库房。设在建康,史载总领所下属差粮料院、
审计司、榷货务都茶场、御前封桩甲仗库、大军仓、大军库、赡军酒库、市易抵当库、惠民药局等机构。铭文显示了该铤
是淳祐十年(1250)湖南武冈军春季将征收来的经总银二佰八十六两二钱大小 6 铤征解淮西总领所大军库,负责送交
的官员是承议郎通判军事胡和朝散郎武冈知军事何两人。

广州经制银猫儿桥东贰拾伍两银铤

刻字：广州经制银
戳记：京销细渗 猫儿桥东 吴二郎 夏华验
重量：893 克
尺寸：通长 109 毫米，首宽 75 毫米，腰宽 48 毫米，
　　　厚 14 毫米

　　细渗，成色为 99.3％ 的白银。猫儿桥东，又叫平津桥，南宋京城临安（今杭州）市河上的一座桥，桥名沿用至今。银铤四角砸"猫儿桥东"戳记，意思是铸造该银铤的金银交引铺位于猫儿桥的东面。

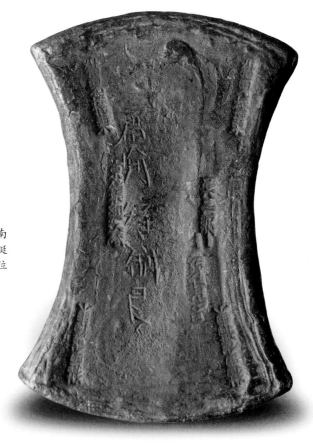

循州经制银铁线巷南贰拾伍两银铤

刻字：循州经制银
戳记：铁线巷南 朱二郎 重贰拾伍两
重量：953 克
尺寸：通长 110 毫米，首宽 72 毫米，
　　　腰宽 47 毫米，厚 16 毫米

广州经制库银跨浦桥北拾贰两半银铤

刻字：广州经制库银
戳记：跨浦桥北 重拾贰两半
重量：457 克
尺寸：通长 82 毫米，首宽 60 毫米，腰宽 40 毫米，厚 12 毫米

跨浦桥北，位于临安城东保安门附近。

惠州经制银京兆渗银拾贰两半银铤

刻字：惠州经制银
戳记：京兆渗银 木念九郎 重拾贰两半
重量：321 克
尺寸：通长 86 毫米，首宽 57 毫米，腰宽 37 毫米，
　　　厚 8 毫米

新州经总制纲银拾两银铤

刻字：新州经总制纲银
戳记：真花铤银 京销 沈执中 盛濂 邢文彬 贾寔
重量：389 克
尺寸：通长 81 毫米，首宽 51 毫米，腰宽 31 毫米，
　　　厚 16 毫米

新州，南宋时属于广南东路，现在的新兴市。经
总制纲银，意思是将收缴上来的经总制银编组成纲上
供朝廷。

广东钞库霸北街东拾贰两半银铤

刻字：南安黄浩

戳记：霸北街东　真花银　拾贰两半　广东钞库　梁平验

重量：435 克

尺寸：通长 88 毫米，首宽 56 毫米，腰宽 40 毫米，
　　　厚 11 毫米

广东钞库霸南街西拾贰两半银铤

刻字：从事郎録参赵

戳记：霸南街西　王五郎　京销铤银　广东钞库　梁平验

重量：429 克

尺寸：通长 86 毫米，首宽 54 毫米，腰宽 34 毫米，
　　　厚 14 毫米

煎销花铤银广东钞库拾贰两半银铤

刻字：杜家　侯应龙

戳记：煎销花铤银　杜家　梁平验　黎全　广东钞库

重量：442 克

尺寸：通长 85 毫米，首宽 53 毫米，腰宽 20 毫米，
　　　厚 16 毫米

广东钞库霸北街西贰拾伍两银铤

戳记：霸北街西 重贰拾伍两 旧日苏韩张二郎 广东钞库 钞
　　铺 梁平验
尺寸：通长 109 毫米，首宽 72 毫米，腰宽 49 毫米，
　　厚 16 毫米
重量：935.5 克

　　钞库即卖钞库，是一种买卖盐钞的机构。比其经营规
模小一点的是"钞铺"，即买卖盐钞的店铺。盐钞是一种支
盐贩卖的信用票据。其基本功能是"用钞请盐"。盐商贩盐
向官府入中钱货，官府发给盐钞，然后，商人持盐钞到指定
地点折支食盐贩卖。广东钞库是设立在广南东路的卖钞库，
专门承接广东盐钞的印发、买卖、兑换等业务。

出门税贰拾伍两银铤

戳记：真聂二助聚 出门税
重量：984 克
尺寸：通长 128 毫米，首宽 70 毫米，腰宽 50 毫米，厚 14 毫米

　　"出门税"是商家运货出门（城门）交纳的税款。"出门税"银铤是南宋时期一种特殊的商税银铤。二十世纪六十
年代后，陆续在河南、江苏、安徽、湖北、陕西等地出土，引起了文物考古界的注意。从"出门税"银铤的出土地点分析，
出门税作为商税收入的重要税种活跃在南宋与金的边界地区，是与宋金边境贸易有着很大的联系。淮河两岸的榷场
贸易的兴盛是导致行商异地贩货的根源，行商携带大量货物从此地到彼地，途经大大小小的城门，缴纳出门税是再正
常不过的事。

广南市舶司起发畸零银拾贰两半银铤

刻字：广南市舶司起发畸零银 监官何成 翟良日
戳记：霸北街西 苏宅韩五郎 重拾贰两半 京销 杨瑞 韩宗记
重量：459克
尺寸：通长89毫米，首宽60毫米，腰宽38毫米，
　　　厚11毫米

　　广南市舶司设置于北宋开宝四年（971），是宋代最早设立的市舶司，其所在地——广州是海外贸易规模最大的港口，贸易通往东南亚、南亚、西亚、东北非等地，广南市舶司是南宋时期唯一没有被罢废过的市舶司。"监官"即市舶监官，主要掌管抽买舶货，收支钱物等事务，是负责财政税收的官员。"畸零银"是不足整数的零散白银的意思，"起发畸零银"是广南市舶司把零散的白银搜集起来换成银铤起发解运朝廷。

舶司起发水脚银拾贰两半银铤

刻字：舶司起发□□水脚银 监官□□ 谢仲永 一月
　　　八日
戳记：京销铤银 霸北韩宅 京销 广东钞库 钞铺朱礼
重量：448克
尺寸：通长89毫米，首宽57毫米，腰宽37毫米，
　　　厚11毫米

武冈军僧道免丁银三十五两九钱一分银铤

刻字：武冈军今解淳祐□年□□僧道免丁银三十五两九钱
一分计壹铤赴淮西大军库交纳

重量：1434.4 克

尺寸：通长 163 毫米，首宽 84 毫米，厚 16 毫米

　　僧道免丁钱是南宋绍兴十五年创立了一项专门向僧
人道士征收的人丁税，按僧道的等级分六等征收。乾道六
年（1170）以后，归入经总制钱。唐宋时，僧侣道士领到度
牒后，就可以免丁钱避遥役，保护资产。南宋时代，因疆域
缩小，朝廷收入减少，所以在绍兴十五年（1145）正月辛未，
命征收"道纳免丁钱"。这项措施每年可为国库收入 50 万
两左右。现发现有刻有泉州、永州、郴州、全州、桂阳军、潮
州等地名的，上解京师或淮西总领所的免丁银铤。

永州申解淳祐十一年春免丁银贰拾伍两银铤

刻字：永州今申解淳祐十一年春 从政郎永州录事参军刘来
　　　□ 免丁银 每铤计式拾伍两□

重量：1006 克

尺寸：通长 109 毫米，首宽 76 毫米，腰宽 43 毫米，
　　　厚 18 毫米

　　永州，今湖南永州，南宋时属于荆湖南路。淳祐十一年
（1251），南宋理宗赵昀的年号。从政郎，文散官名，从八品。录
事参军，主管府衙总务、户婚诉讼等。

银的历程——从银两到银元

桂阳军免丁银拾贰两半银铤

刻字：桂阳军免丁银官□

戳记：京销铤银

重量：463 克

尺寸：通长 89 毫米，首宽 56 毫米，腰宽 36 毫米，
　　　厚 12 毫米

　　桂阳军，今湖南桂阳县，南宋时属于荆湖南路，绍兴三年（1133）改桂阳监为桂阳军。

郴州起发淳祐三年免丁银拾贰两半银铤

刻字：郴州起发淳祐三年上半年免丁银赴淮西总领使所

重量：483 克

尺寸：通长 88 毫米，首宽 57 毫米，腰宽 32 毫米，
　　　厚 15 毫米

永州申解淳祐六年免丁银贰拾伍两银铤

刻字：永州今申解淳祐六年免丁夏季每铤式拾伍两
　　　监官从事郎永州军事推官

重量：1004 克

尺寸：通长 109 毫米，首宽 76 毫米，腰宽 40 毫米，
　　　厚 18 毫米

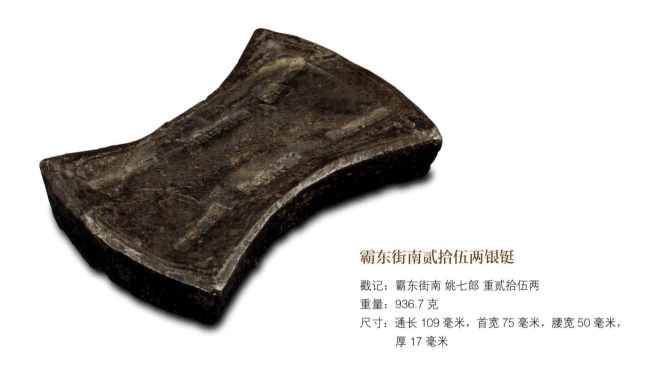

霸东街南贰拾伍两银铤

戳记：霸东街南 姚七郎 重贰拾伍两
重量：936.7 克
尺寸：通长 109 毫米，首宽 75 毫米，腰宽 50 毫米，
　　　厚 17 毫米

京销铤银拾贰两半银铤

戳记：京销铤银 □□王二郎 沈执中 邢文□ 贾宴 京销 重
　　　拾贰两半
重量：466.1 克
尺寸：通长 89 毫米，首宽 61 毫米，腰宽 2 毫米，
　　　厚 13 毫米

襄阳韩宅记拾贰两半银铤

戳记：襄阳 韩宅记

重量：471.9 克

尺寸：通长 89 毫米，首宽 54 毫米，腰宽 31 毫米，
　　　厚 12 毫米

牛皮巷拾贰两半银铤

刻字：封州刘琚

戳记：牛皮巷□ 何二郎 重壹拾贰两半

重量：433 克

尺寸：通长 84 毫米，首宽 55 毫米，腰宽 40 毫米，
　　　厚 11 毫米

　　牛皮巷，广西梧州的街巷。封州，隶属封川，临近梧州。

广东城南拾贰两半银铤

戳记：广东城南 木复兴□ 黄俊验 重拾贰两半

重量：450.8 克

尺寸：通长 89 毫米，首宽 60 毫米，腰宽 42 毫米，
　　　厚 11 毫米

金
元

明昌三年解盐使司河中税伍拾两银铤

刻字：解盐使司明昌三年六月一日 引领客人李中□ 中白上花银伍拾两叁钱 每两七十□钱□□ 行人王复秤子任仲
　　　承直郎盐判

戳记：河中税□

重量：1997.4 克

尺寸：通长 143 毫米，首宽 88 毫米，腰宽 55 毫米，厚 24 毫米

大安二年解盐使司伍拾两银铤

刻字：解盐使司大安二年二月十一日引领伊骆客人王吉伍拾两□□柒钱半 行人鼎忠 秤子魏直 九十五 盐判 陈 每两式贯叁佰文

戳记：任理 张玘

重量：1972 克

尺寸：通长 144 毫米，首宽 88 毫米，腰宽 56 毫米，厚 19 毫米

　　"解盐使司"是金代盐司机构。大定年间，金政府在"山东、沧、宝坻、莒、解、北京、西京"建立七盐司，管理盐业生产和销售。"解盐"是指山西解州解县、安邑两池所产之盐，解盐供应范围甚广，在河东南北路(今山西运城一带)、陕西东路、南京(今河南南部)、河南府、陕、郑、唐、邓、嵩、汝等地。"盐判"是分治司的官员，"引领"是为榷货务或盐司服务的"牙保"或"保识牙人"，也称"盐牙子"，其职责是引导客人到监务处办理入中贸易并承担某种介绍和保识任务。"行人"和"称子"是金银行铺的工作人员，"行人"即银行铺人，是金银行行会的头目，专门负责鉴定银铤及其实价而承担责任的人；"称子"是掌管称盘、收支官物的官府差役。"每两式贯叁佰"表明了银与钱的比价，即一两白银等于钱二贯三百文。

使司肆拾玖两捌钱银铤

刻字：徐瞳 郑公□ 肆拾玖两捌钱 行人郑公□ □□秤
戳记：使司 龍中二
重量：1994.1 克
尺寸：通长 146 毫米，首宽 88 毫米，腰宽 58 毫米，
　　　厚 23 毫米

　　使司是金代专卖品机构的特别称谓。金代的专卖品
除盐之外，还有酒、茶、曲、醋、香、矾、锡、铁等，于是也有
酒使司、曲使司、醋使司等如同盐使司一般的机构。在目
前发现的金代银铤上，加盖"使司"戳记的并不稀见。但
是比起那些写明解盐使司等银铤来，其铭文要简单得多，
通常是在刻有行人某某、秤子某某、重量等事先铸就的银
铤上加盖使司押记。但是，酒醋茶香矾等专卖商品在财
政收入中的比例不大。因此，加盖使司戳记的银铤绝大
多数的还是盐使司的收入为主。

使司使副伍拾两银铤

刻字：刘匠 伍拾两 行人刘祥 朱□□秤
戳记：使司 使副 银吉家 真花银
重量：2002.4 克
尺寸：通长 142 毫米，首宽 89 毫米，腰宽 56 毫米，厚 25 毫米

　　使司，即指盐使司。金代，其全称为 XX 盐使司或 XX 路盐使司，下设"盐司使"正职与副使，并另设判官、管勾等职。对于较大的盐产区，如解州，还设有"分治使司"这样的分支机构，一般由副使主管。《金史·食货志》记载：泰和三年（1203）二月，"以解盐司使治本州，以副使治安邑"。该铤的篆书"使副"戳记，即是盐副使的官印。

行人肆拾捌两玖又半钱银铤

刻字：行人孙伟　高亨秤　王公全　重拾捌两玖又半钱

重量：1949 克

尺寸：通长 154 毫米，首宽 92 毫米，腰宽 60 毫米，厚 20 毫米

支出肆拾玖两肆钱半银铤

刻字：宋琦 肆拾玖两肆钱半 行人李政 行人王温 刘仲兴秤 支出 使□
重量：1969.5 克
尺寸：通长 144 毫米，首宽 88 毫米，腰宽 55 毫米，厚 25 毫米

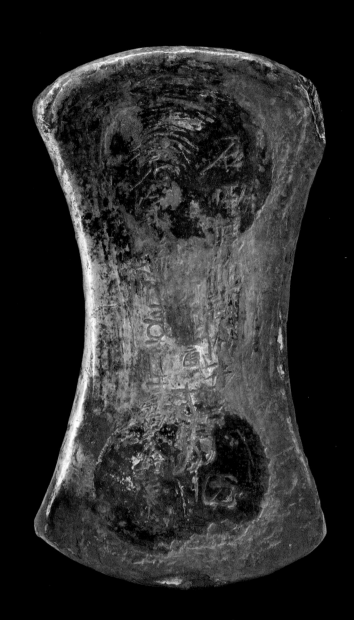

河中税肆拾捌两玖钱银铤

刻字：石四肆拾捌两玖钱 行人宋琦 每两钱□□
戳记：河中税□ 贰
重量：1837 克
尺寸：通长 144 毫米，首宽 80 毫米，腰宽 70 毫米，厚 21 毫米

　　河中府因位于黄河中游而得名。唐代开元八年（720），改山西蒲州为河中府。金代专职盐务机构有负责盐产与外销的盐使司，还有负责运输和收税的盐运司、盐税院。河中府紧邻解州解池盐场，也是对外盐运的必经之路，河中税可认为是河中府收取的盐税。

平阳路征收课税所伍拾两银铤

刻字：平阳路征收课税所银伍拾两 流泉库典李和
戳记：银匠郭显 库子陈原 石坚口 库官王仲禄 张诚
重量：1993.3克
尺寸：通长150毫米，首宽88毫米，厚34毫米

　　盐课是元代国家的主要财政收入之一。平阳路征收课税所成立于元太宗（1229~1241）初年，是为课盐税之用。苏天爵《元文类》卷四十记载："太宗皇帝，岁庚寅，始行盐法，立河间、山东、平阳、四川课税所四，每盐一引，须重四百斤，其价银一十两。"平阳路地名于元成宗大德九年（1305）因地震而改名为晋宁路。因此，该铤是公元1229~1305年之间平阳课税所征收的盐税银锭。"流泉库"是库名，"库子"是管理人员，"库官"是管理仓库的官员。

真定河涧税伍拾两银铤

戳记：真定路 真定河涧税 库官□□ 韩孟 刘□ 银匠李和 银匠郭安 银匠□□□ 银匠□□

重量：1988 克

尺寸：通长 140 毫米，首宽 84 毫米，腰宽 56 毫米，厚 28 毫米

真定河涧课伍拾两银铤

刻字：真定河涧课 库官李和

戳记：银匠郭口

重量：2004 克

尺寸：通长 142 毫米，首宽 86 毫米，腰宽 55 毫米，厚 25 毫米

　　河涧位于现在的河北省，是当时的产盐之地，设有转运盐使司，有盐场 22 处。苏天爵《元文类》记载，元太宗窝阔台在 1230 年，开始推行盐法，在河涧、山东、平阳、四川等四地设立征收盐税的课税所，规定每盐一引，须重四百斤，其价格为银十两。银锭上注明盐区名，说明该锭是该盐区的盐税银锭。

姚贤可记叁两银铤

戳记：姚贤可记

重量：75 克

尺寸：通长 48.8 毫米，首宽 34.8 毫米，腰宽 21 毫米，通高 8.5 毫米

　　民间铸造的银锭铭文简单，通常是店铺名，银匠名。目前发现以五两为多见。如"王开铺记"、"乐君茂铺"、"朱君茂记"、"姚贤可记"等。

明

金花银伍两银锭

戳记：金花银

重量：144 克

尺寸：通长 60 毫米，首宽 47 毫米，腰宽 20 毫米，
通高 20 毫米

金花银拾两银锭

戳记：金花银 金花银

重量：371 克

尺寸：通长 72 毫米，腰宽 30 毫米，
通高 20 毫米，首宽 60 毫米

金花银贰拾伍两银锭

戳记：金花银 王国寶 俞六郎□ 倪看□

重量：892.9 克

尺寸：通长 110 毫米，首宽 82 毫米，腰宽 31 毫米，
通高 26 毫米

　　明朝初年的田赋是以征收实物粮食的为主，南粮北调是历来的惯例，然而，由于南北交通的不通畅，给运输带来了诸多不便，那时每年有四百万石的粮食要运往北京，就运费就要化掉几倍的粮价。宣德八年（1433），周忱在南直隶江南一带推行"金花银折纳田赋之例"，即用金花银折算米麦等实物田赋，"金花银"在当时是专指江南地区的折粮银。英宗正统元年（1436）皇室下令南方江浙、湖广等产粮地区不通舟楫的地方的米麦用白银折纳，称之为金花银。从此，金花银不再是江南地区折粮银的特称，随着用银折纳田赋的推广，各地缴纳者也如此称呼，这时的金花银已演绎为对所有折粮银通称，进而成为政府财政的一大收入。

银作局永乐陆年销镕花银伍拾两银锭

刻字：银作局永乐陆年拾壹月内销镕花银伍拾两重 作头顾阿福等 匠人仇士平 陆字壹仟陆佰柒拾号

重量：1874.2克

尺寸：通长160毫米，首宽112毫米，腰宽58毫米，通高64毫米

　　刻有"银作局花银"字样的银锭，是明代宫廷内府银作局铸造的皇室用银。银作局是明代宦官职掌的二十四衙门之一，是专为宫廷的制造金银器饰的作坊。银作局设于洪武三十年（1397），初设大使、副使各一员，后改设掌印太监一员。银作局所造的金银钱、金银豆叶、金银锭等主要是供赏赐之用。银作局的工匠人数一般在二百至三百人之间，规模较小，位于西华门大街一带。该件银作局五十两银锭是永乐六年（1408）十一年销铸的，千字文编号是陆字一千陆百七十号，从编号的数字来看，皇室用银量巨大。

广东广州府番禺县嘉靖四十三年解梧州广备仓秋粮折色米银伍拾两银锭

刻字：广东广州府番禺县征解嘉靖四十三年 秋粮折色梧州广备仓米银壹锭伍拾两 吏梁萩该征莫遣忠银匠张口
重量：1865 克
尺寸：通长 146 毫米，通宽 86 毫米，通高 95 毫米

　　明代班军的军饷来源于地方税收。该银锭为两广总督府下辖班军的军饷，由广东协济至广西。嘉靖四十三年（1564），原由广东广州府番禺征收并送往广西梧州广备仓的军粮，改折为银，送解梧州。该锭既是明代班军制度的见证，也为研究明代军事与地方经济关系提供了宝贵的参考。

直隶常州府武进县景泰伍年秋粮折银伍拾两银锭

刻字：直隶常州府武进县景泰伍年秋粮折银伍拾两 委官县康叔器 典史邵叙 粮长高升 解纳粮长张深 匠作毕序
重量：1980.7 克
尺寸：通长 146 毫米，通宽 94 毫米，通高 55 毫米

江西赣州府赣县嘉靖十一年分各府禄米银伍拾两银锭

刻字：江西赣州府赣县粮长彭儒等送纳嘉靖十一年分 各府禄米银伍拾两整计一大锭 嘉靖十二年三月日经收管粮
　　　主簿刘镇 司吏刘伦 银匠赵崇
重量：1740 克
尺寸：通长 140 毫米 通宽 100 毫米 通高 38 毫米

　　明王朝从建立初期就非常重视农业生产，建立了黄册、鱼鳞册等一系列完整的户籍土地制度。田赋征收是采取
"里甲催征，粮户上缴，粮长收解，州县监收"的制度。在田赋征收的程序里，粮长负责征收和解运税粮事宜。这两件
粮长银锭的铭文里有"委官"、"丞"、"典吏"、"主簿"、"司吏"等县衙的官员名，"委官"是官府委定解官；"丞"是丞县；
"典使（史）"是县衙里的低级官员，是负责掌管粮马的；"主簿"是县衙中知县的辅官，与县丞一起辅助知县。"司吏"
是县衙吏、户、礼、工、兵、刑六房中的办事人员。明代官解税银规定，解运一千两以内的白银需要有主簿领解，解运
三百至五百两银子需要由典史办理。江苏和江西都是当时的产粮区，不论是秋粮折银还是禄米折银都是由粮长负
责解纳，而且在这二件银锭上都写有两个粮长名字，这说明是由两个粮长办理，再由州县官员监收的。这从文物角
度印证了"粮长收解，州县监收"的历史事实。

绍兴府萧山县万历十五年分三六轻赍银伍拾两银锭

刻字：绍兴府萧山县万历十五年分三六轻赍银伍拾两万历十六年三月知县刘会史臣杜邦银匠吴正
重量：1837 克
尺寸：通长 146 毫米，通宽 80 毫米，通高 80 毫米

　　轻赍的原意是"容易地移交"。早期的轻赍银主要是指折色银，后来逐渐演变成耗米折银的特称，专指在漕粮运输中加收耗米作为运输费用，又扣除作为运军行粮的耗米再折换成银两的部分。三六轻赍是指在江西、湖广、浙江等地征收正米一石需加耗米六斗六升，又加尖米一斗，共七斗六升，以四斗随船作耗，余下三斗六折银，称三六轻赍。该锭铭文中的知县刘会（1542~1617），万历十一年进士，曾任绍兴府萧山县县令，修撰《万历萧山县志》。

建昌府解纳万历四十七年马草银拾两银锭

刻字：建昌府解纳万历四十七年马草银拾两银匠杨午

重量：373 克

尺寸：通长 78 毫米，通宽 48 毫米，通高 38 毫米

　　明代自洪武、永乐以来，凡光禄寺牺牲所、御马监及马牛羊房等草料，都是在民间依照田粮征课解纳，民间的马草每年要运往南北两京，甚为劳民伤财。如江南运往北京的马草，每包草一千束，要用船人运送，而且路途遥远，往往是十有六七的草变质。于是，在正统十四年（1449）周忱首创马草折银之法，即请通州草场设立官库，收取折银。令浙江嘉、湖二府和南直隶苏、松等地，愿纳草者纳草，愿纳银者纳银。每草一束折银三分。马草在成化以后变成田赋加派，万历九年（1581）后完全并入田赋征收。该锭是万历四十七年（1619）江西建昌府征收的按田赋摊派的马草折银。

福建漳州府长泰县嘉靖贰拾玖年分折色粮银伍拾两银锭

刻字：福建漳州府长泰县嘉靖贰拾玖年分折色粮银壹锭重伍拾两 提调官署县事太府儒学教授俞荣魁 司典吏陈克
　　道 林福 解户王尚甫 银匠陈宾舜

重量：1864.8 克

尺寸：通长 135 毫米，通宽 93 毫米，通高 40 毫米

　　该锭的形状呈宽圆束腰型，锭面通体细丝罗纹，面刻58字。内容包括地点、时间、用项、重量、官吏名、银匠名等，折色就是将粮米折换成银两，征收这件折色粮银的提调官是俞荣魁，同时此人还兼署县事（相当于县丞）太府儒学教授（太府教授儒学的老师）等职。司典吏是司吏、典吏，是县衙吏、户、礼、兵、刑、工六房的吏员。其中户房专管钱粮。因而该锭上的司、典吏陈克道、林福应该是掌管钱粮税收的吏员。解户是指解纳钱粮的差役王尚福，银匠陈宾舜。

湖州府安吉州嘉靖十四年麦折银伍拾两银锭

刻字：湖州府安吉州嘉靖十四年分麦折银伍拾两 提调知州叶
　　荣 解户张安振 银匠张涛
尺寸：通长138毫米，通宽78毫米，通高68毫米，
重量：1832克

　　正德元年（1506），朝廷升安吉为州，下仅设孝丰一县。因而，全州的收税主要由州一级统一管理。明代田赋是采用两税法，分夏秋两季征收，夏粮秋税。麦子成熟于夏季，所以夏季也被称为麦季。因而，麦折银具备了两层含义，麦子折银或夏粮折银。

休宁县修城银伍两银锭

刻字：休宁县修城银
重量：184 克
尺寸：通长 59 毫米，通宽 37 毫米，通高 38 毫米

　　修城银，顾名思义是为修筑城池而征集的专项经费。其来源有三：其一，来自于朝廷的直接拨款或地方上的公用经费。其二，用田赋附加的形式来征收。即将修城的经费摊征于民，通常以"按亩起科"、"输财于粮"等田赋加派的形式向百姓征收。其三，私人捐助，通常是主事的地方官和当地的豪绅士民出资。

泰昌元年绍武茶银拾两银锭

刻字：泰昌元年 绍武茶银
重量：310 克
尺寸：通长 72 毫米，通宽 43 毫米，通高 40 毫米

　　"绍武"即邵武，事实上古代银匠在铭文錾刻上时常出现简化字、异体字，甚至出现错别字。"泰"字錾为"心"泰，同样符合当时的书写习惯。万历四十八年 (1620) 七月，神宗驾崩。八月，朱常洛即位，诏改明年为泰昌元年，然而其在位一月即亡，后遂以万历四十八年八月到十二月为泰昌年，年号仅四个月。茶课银锭存世非常少见，是向茶叶征税所得的白银。明代茶专卖通过民制、官收、商运、商销几个步骤来实现的。茶课是向茶户定向征收的。茶户专门从事茶叶的种植和制作，定期向朝廷完纳茶课，朝廷免其杂役。明中晚期，部分茶税折银上解。邵武位于福建，是福建主要的产茶区之一。

民兵，又称民壮，是补卫所官军之不足而征充的。民兵人员的组成来自于各地乡民服役。据梁方仲《明代的民兵》一文考证：七八百里以上的州县，每里金民兵二名；五百里的，每里三名；三百里以上的，每里四名；百里一下的，每里五名。年龄在 20 至 50 岁之间。每名民兵的年龄和相貌都被记录在官府档案，遇到战时或紧急事务便征调出征，由官府发放行粮或工食银。民兵银就是发放给民兵的工食银。扣二的意思是在工食银中扣除二成，用于其他财政开支。

崇祯四年彭县民兵扣二银伍拾两银锭

刻字：彭县征完崇祯四年分民兵扣二银五十两一定吏刘希孟银匠方上顺
尺寸：通长 154 毫米，首宽 84 毫米，腰宽 71 毫米，通高 72 毫米
重量：1848 克

民兵，又称民壮，是补卫所官军之不足而征充的。民兵人员的组成来自于各地乡民服役。据梁方仲《明代的民兵》一文考证：七八百里以上的州县，每里金民兵二名；五百里的，每里三名；三百里以上的，每里四名；百里一下的，每里五名。年龄在 20 至 50 岁之间。每名民兵的年龄和相貌都被记录在官府档案，遇到战时或紧急事务便征调出征，由官府发放行粮或工食银。民兵银就是发放给民兵的工食银。扣二的意思是在工食银中扣除二成，用于其他财政开支。

云龙州呈解十六年秋粮地亩加派辽饷银伍拾两银锭

刻字：云龙州呈解十六年秋粮地亩加派辽饷银五十两银匠张□斗

戳记：连

重量：1816克

尺寸：通长119毫米，首宽75毫米，腰宽55毫米，通高39毫米

　　明代后期实行田赋加派，借以各种名义实行临时性加派，从而增加田赋收入。铭文"辽饷加派"，显示是辽饷加派所收缴的白银。辽饷是明末著名的三饷加派之一，万历四十六年（1618）辽东努尔哈赤建立的后金日益强大，起兵反明，抚顺、清河沦陷。明王朝军费无措，采用了户部尚书李汝华提议，加派田赋辽饷以对付辽东战事。万历四十七年（1619），辽饷用尽，战事未决。又议定每亩在加派银三厘五毫。万历四十八年（1620），兵工二部以供给士兵安家、马价、器械为由，再次要求每亩加派二厘，三次加派每亩共加派到九厘。崇祯三年（1630）辽东战事恶化，崇祯帝下诏每亩加派三厘。这是第四次加派，这次全国共增辽饷银计165.5万两，合前三次加派，全国共增辽饷银高达667.8万两。辽饷等田赋加派已经脱离了田赋征收的真正意义，变成了战时应急的财政措施。

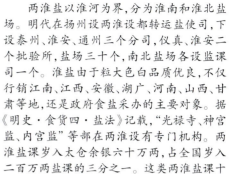

两淮盐以淮河为界,分为淮南和淮北盐场。明代在扬州设两淮设都转运盐使司,下设泰州、淮安、通州三个分司,仪真、淮安二个批验所,盐场三十个,南北盐场各设监课司一个。淮盐由于粒大色白品质优良,不仅行销江南、江西、安徽、湖广、河南、山西、甘肃等地,还是政府食盐采办的主要对象。据《明史·食货四·盐法》记载,"光禄寺、神宫监、内宫监"等部在两淮设有专门机构。两淮盐课岁入太仓余银六十万两,占全国岁入二百万两盐课的三分之一。这类两淮盐课十两银锭有元宝形和长方圆形两种。

两淮盐课拾两银锭

刻字: 两淮盐课 银匠施文
重量: 372.1 克
尺寸: 通长 64 毫米, 通宽 46 毫米, 通高 36 毫米

两淮盐课拾两银锭

刻字: 两淮盐课 银匠陈得
重量: 377.2 克
尺寸: 通长 73 毫米, 通宽 48 毫米, 通高 40 毫米

两淮课拾两银锭

刻字: 两淮课 匠卞卡
重量: 370 克
尺寸: 通长 70 毫米, 通宽 40 毫米, 通高 45 毫米

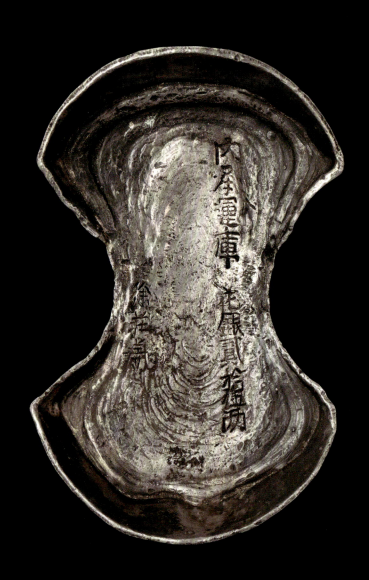

内承运库贰拾伍两银锭

刻字：内承运库 花银贰拾伍两 徐庄等

重量：935 克

尺寸：通长 132 毫米，首宽 86 毫米，腰宽 42 毫米，通高 30 毫米

　　明代的内库，是相对于国库而言的皇室多个库房的统称，具体包括内承运库、广积库、甲字库、乙字库、丙字库、丁字库、戊字库、赃罚库、广盈库、广惠库、天财库、供用库等十二个库房。由于内承运库专门用于贮藏金银，其地位最为重要。由于内承运库的皇家性质，自其诞生的那天起，皇帝就对其拥有绝对的控制权，命由宦官负责管理。皇帝利用其至高无上的权力，将国家财政收入的三分之一划为己有，存入内承运库。据众多文献记载，入藏内库的白银主要有金花银、太仓库银、矿银、杂税银、赃罚银等。

驿站，或称驿传机构，是明代设置的接待传递公文、转运官物及为出行的官员和外国的朝贡使团提供交通和食宿服务的专门部门。由于所有来往官员的食宿费用都是政府提供，所以每年驿站的开支是巨大的。征收站银也是明代一项重要的税种。

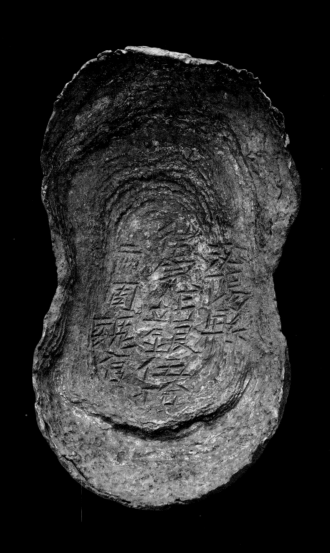

泌阳县站银伍拾两银锭

刻字：泌阳县征完站银伍拾两 周魏仓
重量：1848 克
尺寸：通长 123 毫米，通宽 73 毫米，通高 75 毫米

驿站，或称驿传机构，是明代设置的接待传递公文、转运官物及为出行的官员和外国的朝贡使团提供交通和食宿服务的专门部门。由于所有来往官员的食宿费用都是政府提供，所以每年驿站的开支是巨大的。征收站银也是明代一项重要的税种。

建安县崇祯十四年裁站银伍拾两银锭

刻字：建安县完十四年裁站银伍拾两崇祯十四年正月日知县田恩任
重量：1889.8 克
尺寸：通长 119 毫米，首宽 81 毫米，腰宽 59 毫米，通高 58 毫米

　　明末，战事频仍，国库空虚，崇祯即位后数次通过田赋加派，增收盐税及各项税收等方法增加国家财政收入，同时想方设法缩减国家行政开支，其中裁减驿站的行政费用就是其中一项。崇祯元年（1628），刑科右给事中刘懋奏请崇祯裁撤所有驿站，节余公帑、遏制腐败。裁站银就是裁撤驿站的结余银两，主要用于辽东战争。

犯人银伍拾两银锭

刻字：犯人姚秀银伍拾两 银匠宋文
重量：1910 克
尺寸：通长 144 毫米，首宽 84 毫米，腰宽 61 毫米，通高 81 毫米

　　明代规定罪犯只要缴纳一定数量的白银就可免罪或从轻发落。这件犯人姚秀银五十两银锭就属于这种情况。

云南布政使司杂项银伍拾两银锭

刻字：云南布政使司解崇祯柒年分杂项银伍拾
　　　两计壹锭　差官蒙道袁吉　银匠夏希尧
重量：1871 克
尺寸：通长 135 毫米，首宽 83 毫米，
　　　腰宽 60 毫米，通高 58 毫米

永历叁年蒙化府谷价银壹两银锭

刻字：永历叁年蒙化府谷价银壹两匠袁林
重量：27 克
尺寸：通长 29 毫米，通高 8 毫米

清 民 国

宛平县拾两银锭

戳记：宛平县 宛平县

重量：330.8 克

尺寸：通长 60 毫米，通宽 53 毫米，通高 24 毫米

顺饷足纹会源银号壹两银锭

戳记：顺饷足纹会源银号

重量：30.8 克

尺寸：通长 22 毫米，通宽 16 毫米，厚 10 毫米

公记十足拾两银锭

戳记：公记 十足

重量：368.3 克

尺寸：通长 65 毫米，通宽 40 毫米，通高 40 毫米

大清行公十足拾两银锭

戳记：公十足 大清行

重量：383.8 克

尺寸：通长 67 毫米，通宽 43 毫米，通高 48 毫米

聚盛源公十足拾两银锭

戳记：公十足 聚盛源 天丰

重量：374.8 克

尺寸：通长 70 毫米，通宽 44 毫米，通高 51 毫米

丰泰永公十足拾两银锭

戳记：公十足 丰泰永

重量：374 克

尺寸：通长 70 毫米，通宽 43 毫米，通高 52 毫米

民国京都天福记伍拾两银锭

戳记：京都 民国年月日 天福记字号

重量：1844.3 克

尺寸：通长 100 毫米，通宽 58 毫米，通高 70 毫米

戳记：道光年月祁县许宪

重量：1862 克

尺寸：通长 110 毫米，通宽 60 毫米，通高 90 毫米

道光祁县伍拾两银锭

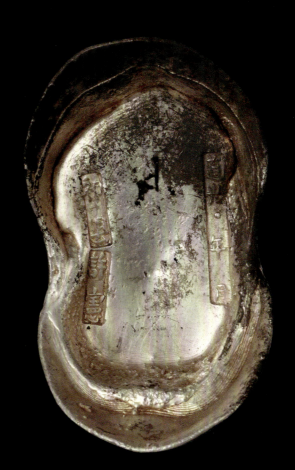

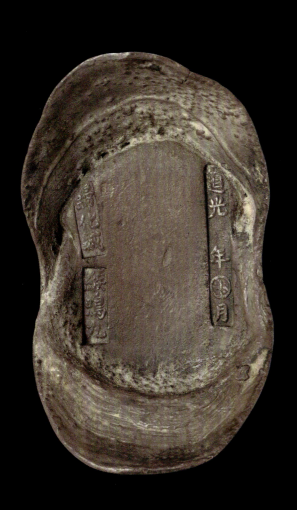

道光归化城伍拾两银锭

戳记：道光年月 归化城缑鸣九

重量：1830 克

尺寸：通长 112 毫米，通宽 70 毫米，通高 85 毫米

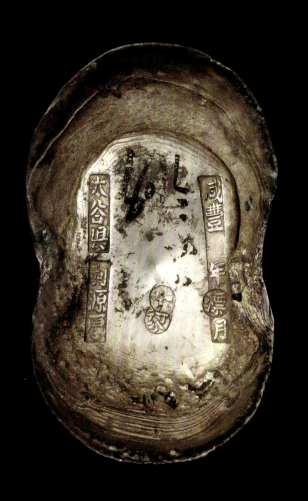

咸丰太谷县伍拾两银锭

戳记：咸丰年月 太谷县 利源厚
重量：1878 克
尺寸：通长 112 毫米，通宽 63 毫米，通高 80 毫米

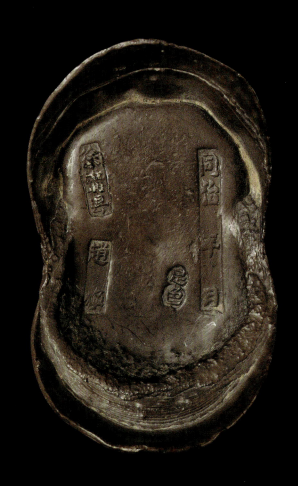

同治徐沟县伍拾两银锭

戳记：同治年月 徐沟县 赵焕 足色
重量：1867 克
尺寸：通长 110 毫米，通宽 65 毫米，通高 70 毫米

光绪河津县伍拾两银锭

戳记：光绪年月 河津县 赵德元

重量：1892.5 克

尺寸：通长 110 毫米，通宽 66 毫米，通高 63 毫米

光绪阳曲县伍拾两银锭

戳记：光绪年月 阳曲县 复顺号 十足色隆

重量：1876.4 克

尺寸：通长 114 毫米，通宽 69 毫米，通高 73 毫米

银的历程——从银两到银元

宣统潞城县伍拾两银锭

戳记：宣统年月 潞城县 郭维翰
重量：1892.5 克
尺寸：通长 110 毫米，通宽 67 毫米，通高 70 毫米

百川通拾两银锭

戳记：百川通
重量：366 克
尺寸：通长 60 毫米，通宽 62 毫米，通高 22 毫米

　　百川通，是中国山西十大票号之一，创办于清咸丰十年（1860 年），民国七年（1918）年歇业倒闭。由祁县渠家大院的主人渠源浈创办，渠家早年在内蒙古包头一带经营粮油、茶叶、私盐，后发展到绸缎庄、钱庄、茶叶庄。"百川通"是取"百川通大海，财源滚滚来"之意。

民国河东倾销银局拾两银锭

戳记：河东 民国年月 倾销银局。

重量：396 克

尺寸：通长 66 毫米，通宽 41 毫米，通高 40 毫米

民国山西元记号伍拾两银锭

戳记：民国年月 山西元记号 库色

重量：1873.1 克

尺寸：通长 105 毫米，通宽 66 毫米，通高 69 毫米

民国太原晋胜银行伍拾两银锭

戳记：民国年月 太原晋胜银行 周行镜宝
重量：1876.5 克
尺寸：通长 108 毫米，通宽 70 毫米，通高 69 毫米。

　　山西晋胜银行是由大清银行山西分行改组而成，原大
清银行山西分行行长贾继英任行长。

戳记：民国丙月 山西官钱局 週行镜宝
重量：1881.9 克
尺寸：通长 110 毫米，通宽 66 毫米，通高 70 毫米

民国山西官钱局伍拾两银锭

民国包头伍拾两银锭

戳记：中华民国 包头 福元牲 宝

重量：1850 克

尺寸：通长 105 毫米，通宽 70 毫米，通高 70 毫米

山东

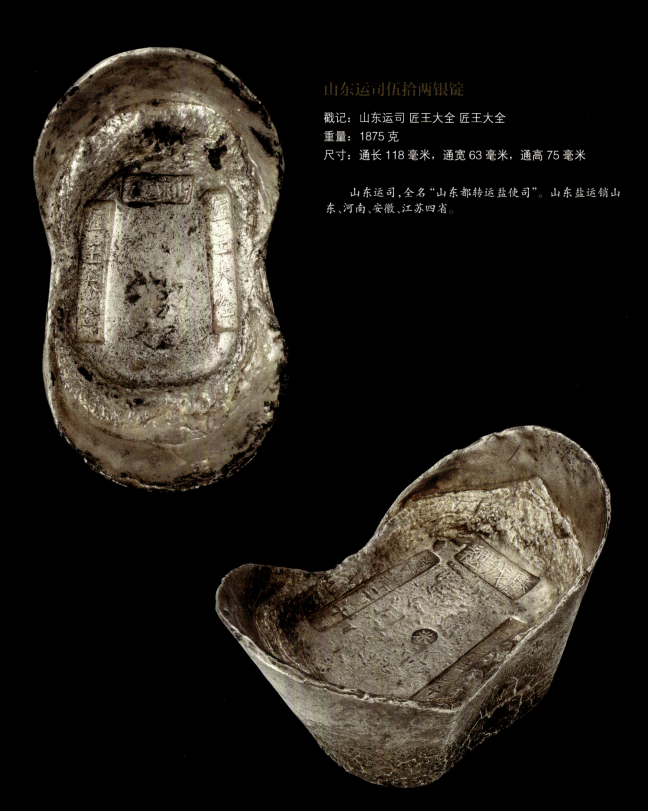

山东运司伍拾两银锭

戳记：山东运司 匠王大全 匠王大全
重量：1875 克
尺寸：通长 118 毫米，通宽 63 毫米，通高 75 毫米

　　山东运司，全名"山东都转运盐使司"。山东盐运销山东、河南、安徽、江苏四省。

道光二年历城县伍拾两银锭

戳记：道光二年十月 历城县
重量：1861.3 克
尺寸：通长 120 毫米，通宽 75 毫米，通高 77 毫米

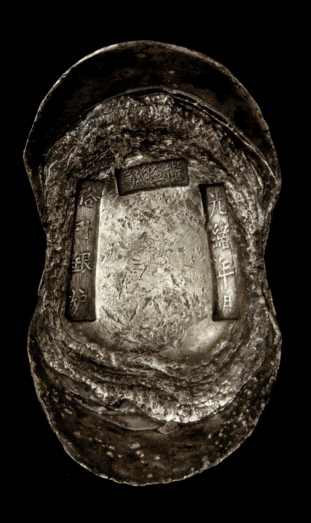 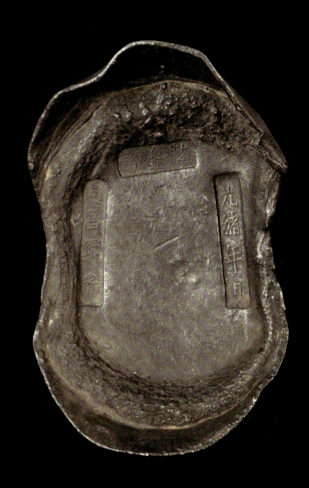

光绪厘金总局伍拾两银锭

戳记：光绪年月 厘金总局 裕升银炉
重量：1882 克
尺寸：通长 118 毫米，通宽 63 毫米
　　　通高 78 毫米

光绪厘金局伍拾两银锭

戳记：光绪年月 厘金局 同昌银炉
重量：1887.5 克
尺寸：通长 110 毫米，通宽 65 毫米
　　　通高 67 毫米

　　咸丰八年（1858）十一月，山东省议抽厘金之事。当时剿捻军缺乏军饷，于是，云集商船的登州、莱州、青州三府请奏开办厘金以协济军饷。山东初设厘金总局在潍坊，并在福山的烟台、利津县的铁门关、黄县的龙口、荣城的石岛、即墨的金家口、胶州的塔阜头设六个分局。咸丰十一年（1861），奏准将厘金总局到省城。

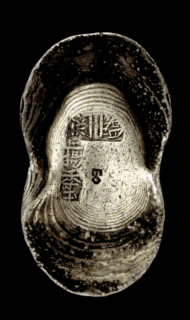

临关，全名"临清运河钞关"，初设明宣德四年（1429），关址位于临清城运河旁，是由户部管理的内陆常关。光绪二十七年（1901）。运河漕运停止后，临关关闭。

临关拾两银锭

戳记：临关 匠杨季玉
重量：352.4 克
尺寸：通长 70 毫米，通宽 33 毫米，通高 47 毫米

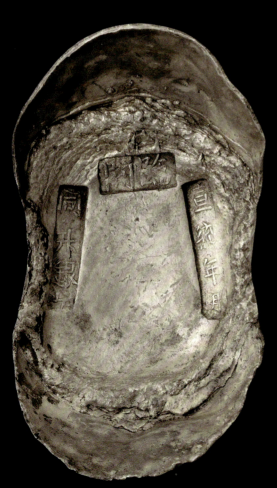

宣统临关伍拾两银锭

戳记：临关 宣统年月 同升银炉
重量：1867.4 克
尺寸：通长 121 毫米，通宽 71 毫米，通高 83 毫米

光绪东海关伍拾两银锭

戳记：东海关 光绪年月 匠鲁协中 恒德
重量：1850 克
尺寸：通长 107 毫米，通宽 66 毫米
　　　通高 82 毫米

　　东海关是咸丰八年（1858）《天津条约》签订后成立的，设在山东烟台。初期由中国海关官员负责，沿用粤海关的税收制度，同治二年（1863）开始，英国人汉南任东海关税务司，引进西方海关的管理制度，管理严密规范。东海关税种有进出口正税、复进口半税、船钞、洋药税。1887 年后又增加洋药厘金和土药厘金。

山东盐课拾两银锭

戳记：山东盐课 裕盛公
重量：364.3 克
尺寸：通长 70 毫米，通宽 42 毫米，通高 46 毫米

　　山东的海盐，质量优良，行销山东、河南、江苏、安徽等省，盐税收入是当地的主要收入之一，有正课、引课和杂款等。咸丰年间又开征盐厘，光绪年间各种盐课附加有增无减。山东的盐课银锭为十两马蹄锭，铭文是"山东盐课"和人名或铸造银号名。

高苑拾两银锭

戳记：高苑 隆祥银炉
重量：388.8 克
尺寸：通长 71 毫米，宽 43 毫米，通高 45 毫米

土药局拾两银锭

戳记：土药局 协祥银炉 协祥银炉

重量：383 克

尺寸：通长 70 毫米，通宽 42 毫米

通高 29 毫米

土药拾两银锭

戳记：土药 协祥银炉 协祥银炉

重量：402 克

尺寸：通长 70 毫米，通宽 43 毫米

通高 40 毫米

　　山东土药厘金局成立于光绪十七年（1891）九月，是专门征收土药（国产鸦片）的厘金局。征税比例是每一百斤土药共纳厘税三十二两。银锭的铸造是由官府委托一家叫协祥的银炉代为铸造的。

嘉庆武陵县伍拾两银锭

戳记：嘉庆年月 武陵县

重量：1856 克

尺寸：通长 117 毫米，通宽 72 毫米，
　　　通高 82 毫米

同治上蔡县伍拾两银锭

戳记：上蔡县 复兴号 同治年月

重量：1875 克

尺寸：通长 110 毫米，通宽 63 毫米，
　　　通高 70 毫米

光绪会镇伍拾两银锭

戳记：光绪年月 会镇和顺
重量：1862 克
尺寸：通长 112 毫米，通宽 69 毫米
　　　通高 75 毫米

宣统郑县永泰伍拾两银锭

戳记：宣统年月 郑县永泰
重量：1847.1 克
尺寸：通长 121 毫米，通宽 73 毫米
　　　通高 61 毫米

民国十年钜源成炉伍拾两银锭

戳记：民国十年 钜源成炉
重量：1843.1 克
尺寸：通长 120 毫米，通宽 75 毫米，
　　　通高 67 毫米

潞盐局伍两银锭

戳记：潞盐局
重量：192 克
尺寸：通长 45 毫米，通宽 31 毫米，通高 23 毫米

　　潞盐局，全名"潞盐加价局"，是管理征收盐斤加价的机构。河东盐在山西运城设立行销地"岸"，在潞州府设立分岸，将盐统称为潞盐。咸丰初年，河东总岸成立，以河南会兴镇为行销的集散地。历史上潞盐曾多次加价，康熙四十七年（1708）加价二厘，试行三年，后盐课并入地丁。嘉庆十四年（1809），潞盐摊入盐引加价，每引九分。咸丰四年（1854），河南对盐实行官运官销，每斤征银三厘五毫。光绪年间又几次加价。

咸丰七年江海关伍拾两银锭

戳记：咸丰七年 江海关 朱源裕 匠陈泰
重量：1858.8 克
尺寸：通长 119 毫米，通宽 75 毫米，通高 65 毫米

　　江海关是我国建立最早的海关之一，创建于康熙二十四年（1685）。初设于华亭县的崇阙，即今奉贤金山交界处的海边，后由于商业兴旺，关务渐多，迁至上海县城小东门外的旧察院行台，其管辖范围是江苏所有的出海口。《中英南京条约》签订后，道光二十三年（1843），江海关在县城洋泾浜北面（今延安东路外滩）设立盘验所，进行外商的出入境申报及缴纳关税的业务。道光二十五年（1845），应英国驻上海总领事巴富尔（George Balfour）的要求，负责征收外商进出口税务办理的机构迁移到县城北门外头坝（今汉口路外滩，时属英租界），由江苏省苏松太道兼管。原县城东门外海关，仅办理本国海船进出口税务。

光绪念五年俄国道胜银行伍拾两银锭

戳记：光绪念五年 俄国道胜银行 生源 六

重量：1866.9 克

尺寸：通长 121 毫米，通宽 75 毫米，通高 79 毫米

　　俄国道胜银行即华俄道胜银行，成立于光绪二十一年（1895），是由俄法两国共同出资、共同管理的银行，总行设彼得堡。1899 年，在上海外滩兴建华俄道胜上海分行银行大楼，1902 年竣工。曾委托上海银炉铸造了五十两及一两、二两、五两不等重量的银锭。

上海福泰拾两银锭

戳记：福泰 上海

重量：380.8 克

尺寸：通长 57 毫米，通宽 50 毫米，通高 31 毫米

勤泰和记伍拾两银锭

戳记：勤泰和记 五 源

重量：1831.6 克

尺寸：通长 124 毫米，通宽 70 毫米，通高 75 毫米

上海泰亨源伍拾两银锭

戳记：泰亨源 上海 三 广丰 振大 十足纹银
刻字：市秤陆拾两零五钱扣法币陆伯捌拾伍圆 民国三十年记
重量：1827.6 克
尺寸：通长 122 毫米，通宽 73 毫米，通高 75 毫米

　　该银锭的特殊之处，是在锭面上刻写了民国三十年(1941)的时间，法币与白银的比价，"市秤陆十两零五钱扣法币六百八十五圆"。市秤六十两零五钱应该是该银锭的重量，该银锭实秤重量是 1827.6 克，除以 60.05 两，市秤每两是 30.43 克，恰好是当时一两白银的重量。如此一来，计算的结果是：一两白银可兑换法币 11.22 元。

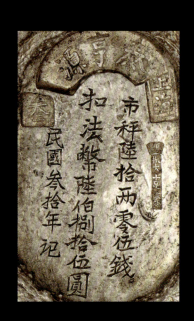

江阴县伍拾两银锭

刻字：十三年十二月江阴县陈恒升计之轸
重量：1869.7 克
尺寸：通长 111 毫米，通宽 76 毫米，通高 69 毫米

　　在同治和光绪年间，江苏省各县有"陈恒升、王晶泰、倪德升、钱天丰、王裕通、施贷源、陈功、姚福、俞升"等九个官银店，专门为官府铸造税锭。这些税锭有统一的形制，铭文的凿刻也遵循一定的格式，通常是沿着锭面刻一圈文字，内容是纪年月、县名、官银匠名和省公估名。

宣统二年两淮京饷伍拾两银锭

刻字：宣统二年十二月 两淮京饷 聚盛 吴忠
戳记：公估验讫
重量：1861 克
尺寸：通长 109 毫米，通宽 68 毫米，通高 73 毫米

　　江苏的两淮是著名的产盐区，有盐场 23 个，生产的海盐行销江苏、安徽、江西、湖北、湖南五省。该锭铭文为阴刻且围绕锭面一周，内容包含纪年、地名、用处、铸造单位及银匠等，该锭将盐税银上解到北京的"京饷"银。

淮南正课伍两银锭

戳记：淮南正课 复记号
重量：171 克
尺寸：通长 40 毫米，通宽 39 毫米，通高 23 毫米

　　淮南盐场隶属两淮盐场，位于淮河以南。盐课即盐税正课，是按盐引向运销商征收的专卖税。淮南盐课、淮南正课银锭是用白银征收盐税的实证。

光绪淮南盐课伍拾两银锭

戳记：光绪年月日 淮南盐课顺记
重量：1872.6 克
尺寸：通长 101 毫米，通宽 66 毫米，通高 66 毫米

光绪淮南盐课伍拾两银锭

戳记：光绪年月日 淮南盐课吉记
重量：1866.5 克
尺寸：通长 102 毫米，通宽 60 毫米，通高 78 毫米

常熟县伍两银锭

戳记：十九年四月 常熟县 匠王裕
重量：184.8 克
尺寸：直径 42 毫米，通高 26 毫米

溧水县伍两银锭

戳记：二年十一月 溧水县 徐鼎裕
重量：178.1 克
尺寸：直径 40 毫米，通高 26 毫米

泰州伍两银锭

戳记：廿年三月 泰州 泰州
重量：188.9 克
尺寸：直径 41 毫米，通高 27 毫米

吴县伍两银锭

戳记：九年三月 吴县 沈天成
重量：179.9 克
尺寸：直径 39 毫米，通高 28 毫米

盐银伍两银锭

戳记：元年五月 盐银 王鼎泰
重量：178 克
尺寸：直径 41 毫米，通高 25 毫米

淮关伍两银锭

戳记：淮关 朱源裕
重量：176 克
尺寸：通长 41 毫米，通宽 41 毫米，通高 24 毫米

　　淮关，是明清时期设在运河沿岸的七大内陆关之一，设在江苏山阳县(淮安)，主要对内地商人征收商税。

浙江

余杭县伍拾两银锭

刻字：余杭县 匠加升
尺寸：通长 119 毫米，通宽 79 毫米，通高 69 毫米
重量：1873.5 克

浙海关伍两银锭

戳记：浙海关 元年 吉字
重量：178.5克
尺寸：直径48毫米，通高23毫米

　　浙海关是清初四大海关之一，成立于康熙二十四年（1685），行署在宁波南董庙的西边，现在的中山西路鼓楼旁。下辖宁波、乍浦、温州三大口岸，三大口岸下又设7个分口、11各小口、15各旁口和1厅（钱江渔业厅），分布在浙江沿海。鸦片战争后，浙海新关成立，关址在宁波江北外滩，由英国人费士来、华为士担任税务司，专征国际贸易税。原来的浙海关变成浙海常关。

银的历程——从银两到银元

杭卫伍两银锭

戳记：念叁年 杭卫 源泰

重量：183.2 克

尺寸：直径 47 毫米，通高 21 毫米

在浙江银锭中，有一种地名是沿袭明代卫所的称谓，如"杭卫 念三年 源泰"、"温卫 七年 敦裕"、"台卫 源泰 十八年"等。卫所是明代军队的基本编制。《明史·兵志》记载："天下既定，度要害地，系一郡者设所，连郡者设卫。大率五千六百人为卫，千一百二十人为千户所，百十有二人为百户所。"明朝建立后，卫所逐渐从战时的军事部队向驻防、屯田及预备兵编制转变。据张廷玉撰《明史》记载，浙江有杭卫前所、杭卫右所、台州卫、宁波卫、处州卫、绍兴卫、海宁卫、昌国卫、温州卫、临山卫、松门卫、金乡卫、定海卫、海门卫、磐石卫、观海卫等。到了清代，卫所逐渐丧失了军事职能，卫所武官的职责范围也如同府州县的官员一般，主要负责屯田和漕运。因此，卫所地名的银锭是来自于该卫所的田赋收入。

嘉卫伍两银锭

戳记：廿三年 嘉卫 裕通

重量：179.5 克

尺寸：直径 45 毫米，通高 22 毫米

台卫伍两银锭

戳记：拾八年 台卫 源泰

重量：175.6 克

尺寸：直径 47 毫米，通高 22 毫米

钱塘伍两银锭

戳记：三年 钱塘 振昌

重量：180.4 克

尺寸：直径 46 毫米，通高 25 毫米

龙游伍两银锭

戳记：拾七年 龙游 协丰

重量：182.8 克

直径：48 毫米，通高 23 毫米

上虞伍两银锭

戳记：拾八年 上虞 松盛

重量：185.2 克

尺寸：直径 49 毫米

余姚伍两银锭

戳记：柒年 余姚 振昌

重量：181.5 克

尺寸：直径 50 毫米，通高 25 毫米

宁海伍两银锭

戳记：柒年 宁海 张吉

重量：186.5 克

尺寸：直径 50 毫米，通高 25 毫米

海砂五两银锭

戳记：海砂 鼎裕 押记

重量：182 克

尺寸：直径 45 毫米，通高 26 毫米

　　海沙位于浙江嘉兴地区沿海边，也是两浙盐场的重要产地之一。

下砂伍两银锭

戳记：下砂 鼎裕 押记

重量：191 克

尺寸：直径 46 毫米，通高 25 毫米

　　下砂，即下沙盐场，是两浙盐场重要盐场之一，位于浦东平原。下沙盐场形成于南宋乾、淳年间（1165 ~ 1189）。清道光年间，由于长江夹带泥沙不断沉积，长江口逐渐向东南延伸，使得浦东海岸离咸潮的距离越来越远，海盐产地逐渐萎缩，海盐产量日渐减少，下沙盐场就此走向衰落。戳有下砂、海砂地名的银锭很大程度来源于盐场课银。

盐饷伍两银锭

戳记：盐饷 振昌

重量：190.7 克

尺寸：直径 41 毫米，通高 25 毫米

　　盐饷是将盐充作军饷的意思。清初南海诗人陈子升（1614 ~ 1692）《韩公桥歌》"一头盐饷街官邮"诗句，意思是充作军饷的盐是通过官设驿站解送的。

闽海关拾两银锭

戳记：十年九月 闽海关 张慎泰
重量：364.3 克
尺寸：通长 55 毫米，通宽 55 毫米，通高 36 毫米

　　清康熙二十二年（1683），清政府统一了台湾。康熙皇帝决定开放海禁，以求适应当时国内经济的发展，加强对外贸易的管理。次年，率先决定在粤、闽两地创立海关，郎中吴世把任闽海关首任监督。早期的闽海关主要是对长途商业活动进行管理和征税的机构，有户关和工关之分。鸦片战争后，中英《南京条约》规定开放广州、福州、厦门、宁波、上海五口通商。1861 年 8 月 17 日，新闽海关正式开关，首任海关总税务司由美国人华为士（W.W.WARD）担任，关址建在福州南台岛的泛船浦，另外，还在福州的长乐营前设办事处，在连江琯头和长乐潭头两地的闽江分流口设立支关。至此，闽海关分为洋关和常关两个部分。洋关以征收对外贸易关税为主，同时，监督船舶的进出口、货物的装卸、缉私和征税，常关征收海关所在地 50 里以内的来往船只的商税。1901 年《辛丑条约》签订后，闽海关洋关和常关的关税一并抵付庚子赔款，常关业务也划归洋关管理。

银的历程——从银两到银元

洋课拾两银锭

戳记：四年五月 洋课 林成和

重量：363.3 克

尺寸：通长 55 毫米，通宽 52 毫米，通高 25 毫米

　　这是目前发现的唯一洋药厘税相关的银锭。据《文宗显皇帝实录》记载，福建在咸丰七年（1857）开始抽收洋药厘金的："因太平军由赣入闽、林俊起义死灰复燃，军饷万分告急。经闽督同意，新任福州知府叶永元遂于五月十六日在南台设厘金总局。开征洋药厘金，每箱装烟土四十颗，每颗抽收洋银一元；其零碎烟土，每十斤抽银四元。均由总局发给照引为凭，准其随处营销。"

茶税拾两银锭

戳记：七年二月 茶税 李永昌

重量：355.6 克

尺寸：通长 54 毫米，通宽 52 毫米，通高 24 毫米

　　清代的福建是重要的产茶区，茶叶不受专卖限制，商人可以自由买卖，加上当时欧洲各国对福建茶叶的需求急速增加，导致福建茶叶产量大大增加，据记载道光年间，福建茶税收入是白银五万两。茶税银锭也许就是这些茶税银中的一个。

浦城县盐课拾两银锭

戳记：元年九月 浦城县 盐课

重量：360.7 克

尺寸：通长 54 毫米，通宽 54 毫米，通高 25 毫米

盐课拾两银锭

戳记：五十六年七月 盐课 永盛

重量：372.8 克

尺寸：通长 55 毫米，通宽 51 毫米，通高 25 毫米

盐课拾两银锭

戳记：九年七月 盐课 郑宝

重量：383.3 克

尺寸：通长 53 毫米，通宽 51 毫米，通高 26 毫米

　　盐课是在盐业生产和销售过程中，上缴政府的盐税。作为专卖收入的盐课，一直以来就是各朝政府重要的财政收入。清代的盐法，基本沿袭了明代的盐税制度，主要采取官督商销制、官运商销制、商运民销制、官督民销制、官运官销制。其中影响最大、行之最久的是官督商销制，即灶户所制之盐，必须卖给国家特许的场商；运商或散商纳税后取得引票，并凭引在指定的地点向场商购盐，在规定的地区贩卖，所以称引岸专卖制。清代福建共有十六个盐场，盐法采用引课法，每引纳银一钱九分四厘八毫。

安徽

道光元年亳州伍拾两银锭

戳记：道光元年四月 亳州 匠公和
重量：1879.6 克
尺寸：通长 117 毫米，通宽 73 毫米，通高 67 毫米

咸丰二年十月年休宁县伍拾两银锭

戳记：咸丰二年十月 休宁县 六口隆
重量：1887.2 克
尺寸：通长 119 毫米，通宽 78 毫米，通高 81 毫米

光绪凤阳关伍拾两银锭

戳记：光绪年月 凤阳关 来源银号
重量：1862.5克
尺寸：通长 112 毫米，通宽 72 毫米，通高 68 毫米

　　凤阳是朱元璋的故乡，洪武七年（1374）设凤阳府，是淮河流域重要的商品集散地。凤阳关的前身是凤阳钞关，设立于成化元年（1465）。乾隆十四年（1749），安徽巡抚卫哲治在凤阳府的青阳镇和符离集增设征收税口，又在蒋家坝河口设立稽查口岸，稽查商人是否纳税。到乾隆三十八年（1773），凤阳常关有税口十一处。正阳一处为大关，临淮、怀远、盱眙、亳州四处为大口，新城、涧溪、长淮、蚌埠、符离、濉州六处为小口。

督销总局皖岸盐课伍拾两银锭

戳记：光绪二十一年年闰五月 督销总局 皖岸盐课 和丰
　　　银炉
重量：1866 克
尺寸：通长 108 毫米，通宽 63 毫米，通高 78 毫米

　　"督销总局"是官方监督盐商经销食盐的管理机构，"清盐政有官督商销之制，故于行盐各地，设官督销"。官督商销制，即由官方监督盐商经营盐业的办法，是当时影响最大、行之最久的一种盐专卖制度，规定各灶户所制之盐，必须卖给国家特许的场商，由运商或散商向政府纳税后取得引票，并凭引在指定的地点向场商购盐，只能在指定的地区贩卖。"岸"是销售地点，安徽全省设有鄂岸、湘岸、西岸、皖岸四局，皖岸设在铜陵县大通镇，属"皖岸"的有 28 个县，"皖岸盐课"的意思是安徽食盐销售税。

光绪五河盐厘伍拾两银锭

戳记：光绪年月 五河盐厘 三合公炉 五十
重量：1859.5 克
尺寸：通长 112 毫米，通宽 65 毫米，通高 85 毫米

淮厘伍拾两银锭

戳记：淮厘资生福，淮厘资生福
重量：1825.5 克
尺寸：通长 105 毫米，通宽 70 毫米，通高 70 毫米

光绪淮北厘局伍拾两银锭

铭文：光绪年月 淮北厘局 靳源兴银炉
重量：1871.4 克
尺寸：通长 110 毫米，通宽 66 毫米，通高 79 毫米

　　安徽创办厘金是在咸丰七年（1857），咸丰八年（1858）开始办理厘金抽收业务，所抽厘金所得助于军饷。咸丰十一年（1861），安徽厘金局（牙厘总局）有三："一设省城，二设皖南，三设淮北。省局辖四正卡、八分卡、二十五巡卡。皖南局有辖三正卡、六分卡、五巡卡。淮北局隶三正卡、八分卡、七巡卡。"安徽征收厘金主要有货厘、盐厘和茶厘三项，以货厘为大宗。税率的起征点为值百抽二，遇卡完厘。安徽省是淮盐的主要行销地，出现了一批经营淮盐的盐商群体。在存世的安徽造银锭中，有一部分是与盐的行销和盐厘征收密切相关的。如铭文为"淮北厘局 光绪年月 新源兴银号"、"淮厘资生荣"、"五河盐厘 光绪年月 三合公炉"等五十两银锭，无不与征收盐厘有关。

光绪六安州伍拾两银锭

戳记：光绪年月 六安州张复兴

重量：1875 克

尺寸：通长 108 毫米，通宽 63 毫米，通高 70 毫米

光绪省号韩鼎昌伍拾两银锭

戳记：光绪年月 省号韩鼎昌

重量：1875 克

尺寸：通长 110 毫米，通宽 63 毫米，通高 80 毫米

庐江县拾两银锭

戳记：庐江县斌兴

重量：372.9

尺寸：通长 54 毫米，通宽 32 毫米，通高 30 毫米

翁源信义拾两银锭

戳记：翁源 信义

重量：364 克

尺寸：通长 56 毫米，通宽 45 毫米，通高 31 毫米

休宁县拾两银锭

戳记：休宁县 黄元顺

重量：372 克

尺寸：通长 57 毫米，通宽 43 毫米，通高 23 毫米

休宁县叁两银锭

戳记：休宁县

重量：111 克

尺寸：通长 37 毫米，通宽 28 毫米，通高 16 毫米

乾隆四十六年崇仁县伍拾两银锭

戳记：崇仁县 乾隆四十六年六月 伍拾两 匠章莲

重量：1875 克

尺寸：通长 91 毫米，通宽 78 毫米，通高 57 毫米

道光贰拾玖年庐陵县伍拾两银锭

戳记：庐陵县 道光贰拾玖年陆月 伍拾两 匠李美

重量：1886 克

尺寸：通长 80 毫米，通宽 89.8 毫米，通高 54 毫米

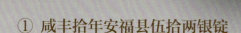

① 咸丰拾年安福县伍拾两银锭

戳记：安福县 咸丰拾年肆月 伍拾两 匠元福

重量：1841.9 克

尺寸：通长 95 毫米，通宽 89 毫米，通高 53 毫米

② 同治捌年万年县伍拾两银锭

戳记：万年县 同治捌年玖月 伍拾两 匠朱兴

重量：1870 克

尺寸：通长 88 毫米，通宽 76 毫米，通高 57 毫米

③ 光绪贰拾陆年万年县伍拾两银锭

戳记：万年县 光绪贰拾陆年冬月 伍拾两 匠林海

重量：1879.3 克

尺寸：通长 88 毫米，通宽 72 毫米，通高 60 毫米

④ 光绪年高安县伍拾两银锭

戳记：高安县 光绪年 伍拾两 恒升

重量：1833 克

尺寸：通长 87 毫米，通宽 80 毫米，通高 60 毫米

恒春拾两银锭

戳记：恒春 恒春

重量：358 克

尺寸：通长 66.8 毫米，通宽 58.2 毫米，
　　　通高 27.7 毫米

宜春县拾两银锭

戳记：宜春县

重量：329.6 克

尺寸：通长 59 毫米，通宽 53 毫米，通高 23 毫米

道款拾两银锭

戳记：道款 十月 聂富 甲

重量：372.8 克

尺寸：直径 52 毫米，通高 28 毫米

道镜拾两银锭

戳记：道镜 十月 聂富 葵

重量：391.3 克

尺寸：直径 52 毫米，通高 28 毫米

南城拾两银锭

戳记：南城 玖年 月

重量：368 克

尺寸：直径 52 毫米，通高 26 毫米

赣关伍两银锭

戳记：赣关衡聚

重量：201.4 克

尺寸：通长 46 毫米，通宽 32 毫米，通高 17 毫米

　　赣关，设在江西赣州，是大庾岭商路上的转运枢纽。自古以来，来自广南的商品都是经大庾岭商路运往京城。清代赣关的前身是明代赣州钞关，设于正德六年(1511)，征收过往的商税。清代将赣关设于赣州城外，在东西两桥分设税口，西口税口设于西津门，控制来往章水的商船。东桥税口设于建春门，掌管来往贡水的船只。

咸丰三年南昌拾两银锭

戳记：南昌 咸丰三年 咸丰三年

重量：379.5 克

尺寸：通长 60 毫米，通宽 43 毫米，
　　　通高 21 毫米

吉安拾两银锭

戳记：吉安

重量：350 克

尺寸：通长 57 毫米，通宽 46 毫米，
　　　通高 21 毫米

道光二十年九江森懋拾两银锭

戳记：道光二十年 九江森懋

重量：374 克

尺寸：通长 56 毫米，通宽 43 毫米，
　　　通高 28 毫米

九江大顺拾两银锭

戳记：九江 大顺

重量：370 克

尺寸：通长 60 毫米，通宽 46 毫米，
　　　通高 30 毫米

湖北

光绪十一年甘饷伍拾两银锭

戳记：甘饷 光绪十一年十二月 公济益
重量：1861 克
尺寸：通长 115 毫米，通宽 62 毫米，通高 82 毫米

　　"甘饷"是解运陕甘总督衙门的协饷。协饷是在京饷之外，是朝廷用
酌盈济虚之法，指定一些富庶的省份，将部分余额钱粮解运给贫困的省
份。每年春夏间，新疆各地核定本地次年军政事业所需费用，将开支预算
分别上报户部和驻在兰州的陕甘总督衙门。户部审定该预算后，按内地
各省区和海关财政收支状况分摊。各省区和海关接到分摊数额后，按期
将银两解送陕甘总督衙门，然后新疆派人领取，分存新疆各地银库，按月
给各地公职人员和驻军官兵发放。光绪三年（1877），"四省协济甘饷，浙
江每岁应 140 万余两，湖北、江苏、广东皆岁协九十余万两内外。"该银锭
是湖北运解陕甘的协饷银。

光绪三十一年湖北厘金伍拾两银锭

戳记：湖北厘金　光绪三十一年七月　官钱局
重量：1874克
尺寸：通长113毫米，通宽62毫米，通高80毫米

  湖北抽收厘金是在咸丰五年（1855），全省共设局卡480余处。几经增裁，到了光绪三十一年有厘金局61处。湖北厘金有百货厘、牙帖、盐厘及药厘四种。湖北厘金的五十两银锭发现很少，纪年均为光绪后期，而且锭面均砸有官钱局的字样。湖北官钱局成立于光绪二十二年（1896），是由张之洞发起创办的地方性管理铸行各类货币的专门机构。在其成立之前，各县上解税银的铸造都是由几家大银号包揽的。官钱局成立以后，铸造银锭的任务全部由官钱局完成，在其铸造的银锭上都会留下"官钱局"的字样。

宣统二年牙厘总局伍拾两银锭

戳记：牙厘总局　宣统二年十一月　官钱局
重量：1862克
尺寸：通长113毫米，通宽63毫米，通高80毫米

  "牙厘"是指厘金和牙帖，"牙帖"是牙行经营时用的营业执照。明清时期，牙商要呈官府批准才能领取，领了"牙帖"才能营业。"牙商"要按期交纳"牙税"和"牙捐"。"牙帖"大致分为上、中、下三等，按时换领。湖北开征牙税是在咸丰六年（1856），"牙厘总局"是主要征收货厘牙帖的省级厘局。

光绪十四年宜昌关伍拾两银锭

戳记：宜昌关 光绪十四年 正义官银号 晋泰

重量：1860 克

尺寸：通长 112 毫米，通宽 63 毫米，通高 75 毫米

宜昌关拾两银锭

戳记：宜昌关

重量：391.7 克

尺寸：通宽 61 毫米，通宽 53 毫米，
　　　通高 27 毫米

　　光绪二年（1876）9 月，中英签订《烟台条约》，开放宜昌、芜湖、温州、北海为通商口岸。次年，宜昌成立宜昌海关，关址设南门外滨江一带。宜昌关主要经办贸易、理船、税务、巡江、政务、通讯、邮便所、水文测记、天气预报记录等业务。

光绪十三年湖北盐饷伍拾两银锭

戳记：湖北盐饷 光绪十三年八月 公济益

重量：1863 克

尺寸：通长 115 毫米，通宽 65 毫米，通高 80 毫米

光绪二十五年湖北盐饷伍拾两银锭

戳记：湖北盐饷 光绪二十五年十一日 官钱局

重量：1861.4 克

尺寸：通长 111 毫米，通宽 72 毫米，通高 83 毫米

　　盐饷，意思是用盐税充作军饷，盐饷最初是以调拨盐引的形式出现的。咸丰四年（1854）清政府令拨盐引运赴江北大营和江南大营抵充军饷。同治年间，曾国藩整顿盐务，在他的整理报告中提到盐厘接济军饷。

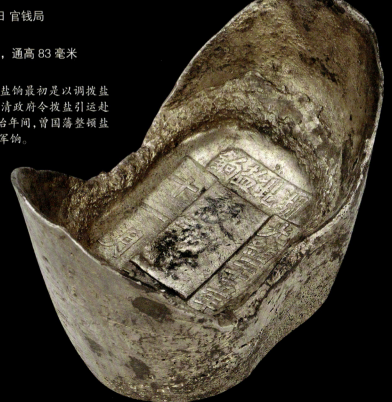

光绪武穴镇淮盐课伍拾两银锭

戳记：武穴镇 光绪年月 淮盐课 晋丰恒通商
重量：1861.5 克
尺寸：通长 109 毫米，通宽 61 毫米，通高 78 毫米

　　清代两淮盐行销江苏、安徽、江西、湖北、湖南、河南等六省。该锭是在湖北武穴镇征收的两淮盐课银。

光绪廿五年湖北盐厘局伍拾两银锭

戳记：湖北盐厘局 光绪廿五年
重量：1762 克
尺寸：通长 110 毫米，通宽 58 毫米，通高 75 毫米

　　湖北是行销淮盐的地区，太平天国以后，改食四川的井盐。因而，湖北的盐厘是过关抽取的，盐厘局是为收缴盐厘而设立的专门机构。

光绪五年江汉关伍拾两银锭

戳记：江汉关 光绪五年 有成号罗芝

重量：1862.8 克

尺寸：通长 113 毫米，通宽 62 毫米，通高 70 毫米

　　汉口，位于长江中游，是进入西南内地的必经之地。自古就是商船云集、货物纷至的商业重镇。清政府曾在此设立江、汉、朝、宗四个关卡，以便收税。咸丰八年（1858），英、法、俄、美四国与清政府签订了《天津条约》。条约规定开放牛庄、登州、台南、淡水、潮州、琼州、汉口、九江、南京、镇江为通商口岸，外国商船可以自由驶入长江一带通商口岸及外国人可以到内地游历经商等对外商优惠政策。1862年1月1日，经清朝总理各国事务衙门批准，在汉口设立江汉关，隶属海关总税务司。由汉阳黄州德安兵备道台郑兰兼任江汉关监督。英国人狄妥玛为江汉关税务司。

光绪十三年江汉关伍拾两银锭

戳记：江汉关 光绪十三年 协成号匠蔡鸣

重量：1864.7

尺寸：通长 112 毫米，通宽 70 毫米，通高 77 毫米

武正卫伍两银锭

戳记：武正卫 德和

重量：192.2 克

尺寸：直径 41 毫米，通高 30 毫米

荆州府拾两银锭

戳记：荆州府 荆州府

重量：338.3 克

尺寸：通长 61 毫米，通宽 55 毫米，通高 28 毫米

湖北下游滇捐总局伍两银锭

戳记：湖北下游 滇捐总局

重量：183.8 克

尺寸：直径 41 毫米，通高 26 毫米

荆门拾两银锭

戳记：荆门 荆门

重量：371 克

尺寸：通长 60 毫米，通宽 52 毫米，通高 26 毫米

光绪十九年新关伍两银锭

戳记：新关 光绪十九年七月

重量：188.9 克

尺寸：直径 40 毫米，通高 30 毫米

来凤县拾两银锭

戳记：来凤县 冯国来

重量：337.9 克

尺寸：通长 54 毫米，通宽 41 毫米，通高 26 毫米

道光廿八年耒阳县伍拾两银锭

戳记：耒阳县　道光廿八年　肆月　黄通义

重量：1850 克

尺寸：通长 118 毫米，通宽 82 毫米，
　　　通高 60 毫米

道光浏阳县伍拾两银锭

戳记：浏阳县　道光年月　钱公慎

重量：1847.4 克

尺寸：通长 114 毫米，通宽 80 毫米
　　　通高 65 毫米

咸丰元年武冈州地丁银伍拾两银锭

戳记：武冈州 咸丰元年 地丁银

重量：1860.2 克

尺寸：通长 117 毫米，通宽 80 毫米
　　　通高 75 毫米

　　清代田赋收入主要是地丁，用银两征收的叫地丁银。清代初期，地赋和丁赋是分别征收的。地赋是农民交纳的地税，民田税率分为上中下三等九种，各地税率高低不一，相差悬殊。丁赋是百姓向政府提供的徭役折银，规定民年十六岁至六十岁为丁，按规定纳丁银，以贫富为差，分为上中下三等，征银多少，各省有差异。田赋和丁赋都是用银两折算，称为地银和丁银。康熙五十五年（1716）进行摊丁入亩赋税改革，首先在广东、四川推行，雍正二年（1724）开始在全国推广。摊丁入亩的原则是由地起丁，田多丁多，田少丁少，每地赋银一两，摊入丁银，最低的省为一厘至二钱不等，最高的省是有二钱到四两五分三厘不等，一般为一钱至四五钱不等，称之为地丁银。

武冈州地丁银拾两银锭

戳记：武冈州 地丁银

重量：379.5 克

尺寸：通长 54 毫米，通长 34 毫米，通高 32 毫米

咸丰六年浏阳县伍拾两银锭

戳记：浏阳县　咸丰六年三月　钱公慎
重量：1868 克
尺寸：通长 110 毫米，通宽 76 毫米，通高 60 毫米

同治拾壹年浏阳县伍拾两银锭

戳记：浏阳县　同治拾壹年二月　钱公慎
重量：1886.5 克
尺寸：通长 110 毫米，通宽 77 毫米，通高 62 毫米

158

银的历程——从银两到银元

光绪三十二年巴陵县伍拾两银锭

戳记：巴陵县 光绪三十二年拾一月 熊新盛

重量：1868.9 克

尺寸：通长 113 毫米，通宽 72 毫米，通高 80 毫米

两湖捐输拾两银锭

戳记：两湖捐输 九年匠裕成

重量：381 克

尺寸：通长 60 毫米，通宽 52 毫米，通高 25 毫米

　　"两湖捐输"是对清代两湖地区常平仓、社仓建设的捐输。两湖捐输总局设湖南省城。湖南、湖北平原是清代的主要的产粮区，从清初开始，就不断在两湖平原兴建贮存粮食的常平仓、社仓等。雍正初年，湖广总督杨宗仁、湖北巡抚纳齐喀、湖南巡抚魏廷珍曾号召百姓为粮仓捐谷，采用"输正税一两者，加纳社仓一石"的强制性摊派的方法筹集粮食。但是，很快被朝廷制止。采取百姓自愿捐输的方法应征，这种捐输形式逐渐成为筹集谷粮的渠道。光绪五年(1879)，湖广总督李翰章下令在两湖地区各州县设立社仓，并着力劝捐。但是，更多是强制摊派。

武冈州拾两银锭

戳记：武冈州 谢贵兴

重量：355.5 克

尺寸：通长 52 毫米，通宽 32 毫米，
　　　通高 35 毫米

茶陵州拾两银锭

戳记：茶陵洲 李源茂

重量：361.3 克

尺寸：通长 52 毫米，通宽 32 毫米，
　　　通高 35 毫米

清泉县拾两银锭

戳记：清泉县 贺倬云

重量：359 克

尺寸：通长 53 毫米，通宽 39 毫米，
　　　通高 33 毫米

临湘县拾两银锭

戳记：临湘县 杨开泰

重量：368 克

尺寸：通长 51 毫米，通宽 34 毫米，
　　　通高 31 毫米

衡阳县拾两银锭

戳记：衡阳县 沈致和

重量：372 克

尺寸：通长 52 毫米，通宽 39 毫米，
　　　通高 30 毫米

岳盐厘拾两银锭

戳记：岳盐厘 金重和

重量：348.8 克

尺寸：通长 52 毫米，通宽 32 毫米，通高 35 毫米

　　湖南于咸丰六年（1856）设立盐茶局，在郴州、宜章、岳州等处设立分局和厘卡，主要抽取茶税和盐税。同治五年（1866）初，将省城和省外各盐茶局并入厘金局，称为湖南厘金盐茶总局。各州县的盐茶课与厘金一并征收。湖南纳厘的货物有百货，茶厘、盐厘、糖厘、烟酒厘等，以税收是性质而分，有出口税、进口税、起坡厘、土产厘、门市月厘五种，合称税厘。湖南厘金银锭多样，有岳盐厘、厘课、岳厘课等，都来源于上述 5 种厘税的总和或部分的收入。

釐课拾两银锭

戳记：釐课 官钱局

重量：326.2 克

尺寸：通长 52 毫米，通宽 33 毫米，通高 32 毫米

　　釐课，即厘课，是省城汇总的厘税，由湖南官钱局铸造。湖南官钱局成立于光绪二十九年（1903），该锭是光绪二十九年之后铸造的厘金银锭。

南淮税拾两银锭

戳记：南淮税 聚金号

重量：357 克

尺寸：通长 51 毫米，通宽 35 毫米，通高 30 毫米

　　清代两淮盐行销江苏、安徽、江西、湖北、湖南、河南等六省。这里的南淮税就是指在湖南行销的淮盐税银。

湖南官钱局拾两银锭

戳记：湖南　官钱局

重量：386.3 克

尺寸：通长 56 毫米，通宽 39 毫米
　　　通高 29 毫米

临邑茶税拾两银锭

铭文：临邑　茶税

重量：337 克

尺寸：通长 53 毫米，通宽 40 毫米
　　　通高 27 毫米

捐输拾两银锭

戳记：捐输　范永昌

重量：408 克。

尺寸：通长 55 毫米，首宽 43 毫米，通高 34 毫米

　　曾国藩为镇压太平军，于咸丰二年（1852）在湖南省城设
立捐输总局，以藩司总理捐输总局各项公务，以粮道为会同办
理，在各州县设立分局，委派当地乡绅主持捐输事务。湖南捐
输有个人主动捐输、摊派征收和社团集资捐办三种。

奉旨旌表拾两银锭

铭文：奉旨旌表　藩库给

重量：329.9 克

尺寸：通长 53 毫米，通宽 33 毫米，通高 30 毫米

　　奉旨旌表是古代对义夫、节妇、孝子、贤人以及累世同居
者的表彰，是由地方官申报朝廷，获朝廷批准后赐予匾额，或
由地方官建造牌坊等。《道光礼部则例》规定：直省孝子顺孙
义夫节妇贞烈妇女，应旌表者，由该督抚同学政具题，由礼部
复议题准后，令地方官给银三十两，听本家建坊，并设位于祠
中，地方春秋致祭。该银锭铭文"藩库给"，显示是湖南省藩库
为奉旨旌表准备的银两。

广东

潮运同拾两银锭

戳记：源阜 伍拾年四月 潮运同恒足

重量：339 克

尺寸：长 56 毫米，通宽 45 毫米
通高 22 毫米

乾隆五十二年潮运同拾两银锭

戳记：同阜 乾隆五十二年 潮运司正记

重量：357 克

尺寸：通长 58 毫米，通宽 45 毫米
通高 23 毫米

乾隆伍拾一年潮运拾两银锭

戳记：长乐 乾隆伍拾一 年潮运德合记

重量：378 克

尺寸：通长 57 毫米，通宽 45 毫米
通高 26 毫米

道光三十年运同拾两银锭

戳记：运同 道光三十年四月泗隆

重量：339 克

尺寸：通长 56 毫米，通宽 38 毫米
通高 23 毫米

广东省是清代的主要产盐区，有 27 个盐场出产海盐，行销广东、广西、福建、江西、湖南、云南、贵州 7 省。广东盐税锭存世不多，以铭文为"潮运同"的为代表，康熙三十年（1691），清廷派巡盐御史驻广东，设置盐院。两年后，改设两广都转盐运使司，驻省城广州，统管全省盐务。因潮州自古盛产海盐，广销周边地区及赣、闽各省，遂于潮州设盐运分司运同，品级从四品，简称"盐运同"或"潮运同"，统管盐务。

乾隆五十年广府拾两银锭

戳记：广府 乾隆五十年 拾壹月东记

重量：370.9 克

尺寸：通长 57 毫米，通宽 42 毫米，通高 24 毫米

乾隆五十四年顺德拾两银锭

戳记：顺德 乾隆五十四年 八月广府东记

重量：345 克

尺寸：通长 56.2 毫米，通宽 42.8 毫米

　　　通高 25.5 毫米

咸丰七年盐饷拾两银锭

戳记：盐饷 咸丰七年 三月银匠陈福昌

重量：367.9 克

尺寸：通长 56 毫米，通宽 38 毫米，通高 23 毫米

嘉庆十一年盐饷拾两银锭

戳记：盐饷 嘉庆十一年 四月荣茂

重量：351 克

尺寸：通长 59.2 毫米，通宽 47.4 毫米

　　　通高 24 毫米

乾隆四十七年西宁拾两银锭

戳记：西宁 乾隆四十七年 十月长义

重量：385 克

尺寸：通长 59 毫米，通宽 47.4 毫米
通高 29.2 毫米

嘉庆九年保安拾两银锭

戳记：保安 嘉庆九年 八月信隆

重量：365 克

尺寸：通长 58.7 毫米，通宽 46.8 毫米
通高 26 毫米

道光二十六年封富拾两银锭

戳记：封富 道光二十六年 五月谦受

重量：379 克

尺寸：通长 57 毫米，通宽 40 毫米
通高 26 毫米

道光二十七年香山县拾两银锭

戳记：香山县 道光二十七年 十二月银匠
江广源

重量：365 克

尺寸：通长 58 毫米，通宽 44 毫米
通高 20 毫米

道光七年怡和拾两银锭

戳记：怡和 道光七年 二月义来
重量：376.5 克
尺寸：通长 60 毫米，通宽 49 毫米，通高 22 毫米

　　怡和行是在乾隆四十九年（1784）由伍秉鉴的父亲伍国莹开设的。伍国莹早年广州潘家同文行的账房。1783年伍国莹在英国东印度公司的扶持下，建立起自己的怡和行。1801 年，在伍国莹死后的第二年，其子伍秉鉴继承父业，掌管怡和行，由于他的精心经营，很快就积累了巨额的财富，使怡和洋行成为了行商中的佼佼者。1807 年怡和行跃居行商第二位，1813 年清政府在行商中设立总商，伍秉鉴居总商之首。2001 年美国《华尔街日报》（亚洲版）在"纵横一千年"专辑中，统计了上一个千年世界上最富有的 50 个人。他们大多都是世界各国的豪门望族。名单中有 6 位中国人的名字，其中十三行之一的怡和行主伍秉鉴的名字赫然在目，该报这样评价："出生于 1769 年的清朝行商伍秉鉴继承父业与外商从事买卖，又进一步贷款给外商并以此获得巨富。他在西方商界享有相当高的知名度。"怡和银锭存世极少，是反映广州十三行之首怡和行商业历史的直接证物，弥足珍贵。

同治二年香山拾两银锭

戳记：香山 同治二年 同治二年

重量：369 克

尺寸：通长 57 毫米，通宽 47 毫米，通高 23 毫米

光绪十四年南海县拾两银锭

戳记：南海县 光绪十四年 二月银匠冼名华

重量：365 克

尺寸：通高 52 毫米，通宽 35 毫米，通高 28 毫米

广南府课银拾伍两银锭

戳记：广南府 庚寅年 课银 梁永和

重量：503 克

尺寸：通长 59 毫米，通宽 43 毫米，通高 24 毫米

增城拾两银锭

戳记：增城 理事 长义

重量：368 克

尺寸：通长 56 毫米，通宽 45 毫米，通高 26 毫米

咸丰九年粤海关拾两银锭

戳记：粤海关 咸丰九年 正月王福昌
重量：376.8 克
尺寸：通长 60 毫米，通宽 49 毫米，通高 22 毫米

　　公元 1684 年，清政府在平定台湾后，随即解除海禁，允许海外通商。康熙二十四年（1685），在广州、漳州、宁波，云台山等四地设立粤海关、闽海关、浙海关、江海关，管理四口岸的海外贸易及关税征收，其中以粤海关最为重要。

　　乾隆二十年至二十二年间（1755～1757），发生了英国东印度公司代理人洪任辉（James Flint）率武装商船北上，要求到浙江宁波等地贸易的事件后，清廷严格了海外贸易的管理，允许广州一口对外开放，即"一口通商"。从此，粤海关垄断了中国与西方贸易的管理与征税权，成为清廷管理对外贸易的最重要的机构。粤海关的对外贸易税是由十三行行商负责征收，行商需要把征齐的白银熔铸成银锭上交关库。对国内贸易税则由粤海关监督派人征收，海关将收缴上来的散碎银两铸成银锭上交关库。

咸丰元年太平关拾两银锭

戳记：太平关 咸丰元年 大兴店记号
重量：327.3 克
尺寸：通长 65 毫米，通宽 40 毫米，通高 33 毫米

　　太平关是大庾岭商路上的另一个重要的常关，早在明代天顺二年（1458）就在南雄设立太平厂。清康熙八年（1669）移至韶州府并改名太平关，当时有三处征税口岸：一在太平桥（东关）位于韶州城东，是江西入粤的要道；二在遇仙桥（西关）位于韶州城西，是湖广通粤的要道；三在含洸，位于英德县。太平关出南雄与江西大庾岭相连，是连接广东与内地的重要商路。"一口通商"规定江浙闽皖所产丝、绸、茶叶等商品必须走陆路经由大庾岭商道赴广州出口。该银锭的太平关所征收的关税银。

广西

嘉庆二十年岑溪县拾两银锭

戳记：岑溪县 嘉庆二十年 六月日 江秉和

重量：394.5 克

尺寸：通长 58 毫米，通宽 41 毫米，通高 26 毫米

道光二十二年欝林州拾两银锭

戳记：欝林州 道光二十二年 正月日 江永泰

重量：384.8 克

尺寸：通长 58 毫米，通宽 41 毫米，通高 25 毫米

同治十年融县拾两银锭

戳记：融县 同治十年 十二月日 黄富国 黄同胜

重量：376.4 克

尺寸：通长 58 毫米，通宽 40 毫米，通高 27 毫米

光绪四年苍梧县拾两银锭

戳记：苍梧县 光绪四年 三月日 黄邦佐 黄宝丰

重量：349.6 克

尺寸：通长 57 毫米，通宽 39 毫米，通高 26 毫米

光绪十七年桂林府灵川县拾两银锭

戳记：桂林府　光绪十七年　十月日　盛泰来　灵川县
重量：360.6 克
尺寸：通长 57 毫米，通宽 40 毫米，通高 26 毫米

光绪十四年南宁府隆安县拾两银锭

戳记：南宁府　光绪十四年　三月日　盛泰来　隆安县
重量：370 克
尺寸：通长 56 毫米，首宽 42 毫米，通高 24 毫米

同治十二年平南县拾两银锭

戳记：平南县　同治十二年　三月日　黄邦泰　黄宝丰
重量：387 克
尺寸：通长 58 毫米，通宽 43 毫米，通高 23 毫米

光绪廿七年思恩县库银拾两银锭

戳记：思恩县　光绪廿七年　十月日　李瑞和　库银
重量：339.5 克
尺寸：通长 56 毫米，通宽 38 毫米，通高 28 毫米

光绪十六年怀集县库银拾两银锭

戳记：怀集县 光绪十六年 五月日 库银
　　　万祥丰
重量：370 克
尺寸：通长 56.8 毫米，通宽 42 毫米
　　　通高 26 毫米

光绪廿七年贵县库银拾两银锭

戳记：贵县 光绪廿七年 十二月日 库银
　　　万永有
重量：372 克
尺寸：通长 55 毫米，通宽 41 毫米
　　　通高 24 毫米

戳盖"库银"的银锭是铸造于光绪中期前后标准的藩库银，成色重量统一，不需要公估可直接纳税和流通的。

桂林拾两银锭

戳记：桂林 五月日 江天海
重量：375 克
尺寸：通长 58.6 毫米，通宽 42.8 毫米
　　　通高 24.3 毫米

桂林新城厘局拾两银锭

戳记：桂林福昌荣 新城厘局
重量：357 克
尺寸：通长 60 毫米，通宽 53 毫米
　　　通高 26 毫米

马边厅拾两银锭

戳记：马边厅 五十年俞英文

重量：367 克

尺寸：通长 60 毫米，通宽 50 毫米，通高 32 毫米

成都府当面打针拾两银锭

戳记：成都府 当面打针

重量：363 克

尺寸：通长 59 毫米，通宽 54 毫米，通高 23 毫米

银锭上的"当面打针"是当面鉴定验色的意思。

票色看有假拾两银锭

戳记：票色 看有假 看有假

重量：338.9 克

尺寸：通长 62 毫米，通宽 54 毫米，通高 26 毫米

鸿发局拾两银锭

戳记：久大记 鸿发局

重量：350 克

尺寸：通长 59 毫米，通宽 51 毫米，通高 29 毫米

光绪二十年白蜡公司拾两银锭

戳记：白蜡公司 光绪二十年 匠兴顺源
重量：344.9 毫米
尺寸：通长 60 毫米，通宽 53 毫米，通高 23 毫米

光绪二十五年嘉定白蜡公司拾两银锭

戳记：嘉定白蜡公司 光绪二十五年 匠兴顺源
重量：362 克
尺寸：通长 62 毫米，通宽 54 毫米，通高 26 毫米

　　白蜡是四川的特产，产量很高，每年白蜡厘金是地方税收中比例最大的部分。因此，四川特别成立了四川白蜡公司，专门征收和管理白蜡厘金。嘉定白蜡公司成立于光绪二十二年（1896），嘉定府借生息银四万两给嘉定白蜡公司作为运销成本，白蜡厘金全部由公司统一收购。每百斤制定税率一两一钱，其中就地销售不运往泸渝的，每百斤抽六钱八分。

富顺县引厘局拾两银锭

戳记：引厘局 富顺县 富顺县

重量：344 克

尺寸：通长 62 毫米，通宽 53 毫米，通高 24 毫米

光绪十七年乐厂引厘拾两银锭

戳记：光绪十七年匠周吉泰 乐厂引厘

重量：342 克

尺寸：通长 61 毫米，通宽 54 毫米，通高 27 毫米

　　引厘是向盐引征收的厘金，盐引是政府发给盐商的运销和买卖食盐的凭证。四川省盐道不同又分为水引、陆引。因食用人群不同分为边引（专供滇黔）和计引（专供本省）。引厘的征收始于咸丰七年（1857），并在犍乐、富荣、射洪等地设引厘局。"乐厂引厘"是乐山县引厘局征收的引厘。

成都府引厘局拾两银锭

戳记：成都府 引厘局 成都府

重量：344.7 克

尺寸：通长 60 毫米，通宽 52 毫米，通高 26 毫米

犍乐总局犍厂引厘拾两银锭

戳记：犍乐总局 犍厂引厘 犍厂引厘

重量：344.2 克

尺寸：通长 60 毫米，通宽 50 毫米，通高 30 毫米

荣县三十一年肉厘拾两银锭

戳记：荣县 三十一年肉厘 匠恒足生

重量：374.3 克

尺寸：通长 61 毫米，通宽 53 毫米，通高 28 毫米

　　肉厘是屠宰厘金，是对屠宰业征抽的厘金。光绪初年，四川总督丁宝桢整顿厘金，"奏请抽收肉厘以资常费"。

釐金局拾两银锭

戳记：釐金局 釐金局

重量：363.1 克

尺寸：通长 62 毫米，通宽 52 毫米，通高 20 毫米

　　四川各地商人过境，多以铜钱或碎银完纳厘金。各厘金分卡需将征收的钱银按期上缴分局，分局汇总后，将铜钱兑换为银两，按库色倾铸成十两银锭，呈缴省厘金总局，再由总局核收后再转解藩库。

乐山地丁拾两银锭

戳记：乐山地丁 乐山地丁

重量：337.9 克

尺寸：通长 60 毫米，通宽 52 毫米，通高 20 毫米

陵水县地丁拾两银锭

戳记：陵水县 十一年地丁 匠源義和

重量：358 克

尺寸：通长 67 毫米，宽 58 毫米，通高 28 毫米

安县捐输拾两银锭

戳记：安县 二十三年捐输 匠涂裕盛

重量：395 克

尺寸：通长 63 毫米，通宽 54 毫米，通高 24 毫米

罗江县捐输拾两银锭

戳记：罗江县 二十七年捐输 匠恒足生

重量：379.2 克

尺寸：通长 64 毫米，通宽 55 毫米，通高 26 毫米

　　捐输是一种比较特殊的税种，从字面上看是强调"捐"，但事实上是属于强征的性质。在清代前期，凡遇到军国大事，财政不足的弥补办法主要是捐输，有常例捐输和暂例捐输两种。常例捐输是根据"现行事例"办理，随时可以报捐。暂例捐输是根据"暂时事例"办理，因国家的财政需要临时开捐。政府给予捐输的官员以优厚的回报，如加官晋爵、增加地方考试的名额等。

　　四川在咸丰初年始，推行按粮捐输，同治元年（1862）四川总督奏办按粮捐输，即按其田赋纳粮多少强制摊派，一般是按钱粮一两加征捐输银二两，但也有加征三两或四两。

展捐拾两银锭

戳记：展捐 二年匠张宝和

重量：344 克

尺寸：通长 60 毫米，通宽 55 毫米，通高 27 毫米

筹捐拾两银锭

戳记：筹捐 二年匠义诚亨

重量：360 克

尺寸：通长 60 毫米，通宽 50 毫米，通高 28 毫米

铤锭春秋　清／民国　四川

顺直赈捐拾两银锭

戳记：顺直赈捐 拾玖年 张裕泰
重量：344.2 克
尺寸：通长 61 毫米，通宽 52 毫米，通高 25 毫米

　　光绪中晚期，国家财政入不敷出，各种各样的捐输比比皆是。四川捐输银锭上的从捐输中派生出来的各种名目，如"展捐"、"备捐"、"再捐"、"赈捐"、"续捐"、"筹捐"等。

银的历程——从银两到银元

海防捐输拾两银锭

戳记：海防捐输　十一年匠　恒泰号
重量：362 克
尺寸：通长 63 毫米，通宽 54 毫米，通高 27 毫米

　　海防捐输，又称海防或海防事列，是光绪十年（1884）由李鸿章、刘传铭等提议以海防之用的名义向全国征收的特种捐输，期限为一年。

光绪拾陆年新海防拾两银锭

戳记：新海防　光绪拾陆年　匠恒泰裕
重量：388 克
尺寸：通长 63 毫米，通宽 56 毫米，通高 27 毫米

　　新海防是新海防捐输，光绪十五年（1889）开征，所得捐项全部归海军事务总理衙门管理。

盐库拾两银锭

戳记：盐库 三十四年 罗裕川亨

重量：383.2 克

尺寸：通长 60 毫米，通宽 54 毫米，通高 20 毫米

光绪廿八年富官引局拾两银锭

戳记：光绪廿八年富官引局 信成豫 信成豫

重量：348 克

尺寸：通长 60 毫米，通宽 50 毫米，通高 23 毫米

光绪三十四年灌县盐本拾两银锭

戳记：光绪三十四年灌县盐本 匠裕成明 商合兴公

重量：355.8 克

尺寸：通长 62 毫米，通宽 53 毫米，通高 24 毫米

仁岸盐课拾两银锭

戳记：盐课 仁岸永隆裕

重量：353.4 克

尺寸：通长 59 毫米，通宽 51 毫米，通高 25 毫米

　　盐本是综合了购盐、运盐及各项盐税的支出成本。光绪年间，四川将盐的运销由原来的商人经营改为官方经营，所花费的各项成本合称盐本。

　　仁岸是四川盐商的运销地之一，盐课是盐商销售盐所缴的盐税。四川盐商购盐必须先到掌管各地盐务的盐运使那里领取支单（凭证），再凭支单到盐场购盐，然后将盐贮藏在"岸"，即运销地。当时四川的运销地有"边岸"（主行贵州、云南二省）、"计岸"（主行本省和湖北）、"潼岸"（主行本省和潼川州）。其中边岸在的黔岸又有四路，分别是永岸、仁岸、涪岸和綦岸。

綦边公司拾两银锭

戳记：綦边公司

重量：361.1 克

尺寸：通长 58 毫米，通宽 53 毫米，通高 27 毫米

　　綦边公司是民国初期四川省成立的二十五家盐业公司之一。民国四年（1915），四川盐运使晏安澜着手整顿四川混乱的盐业，通过北京盐运部署向大总统提交了"按复引岸并颁组织公司大纲办理公司专运，同时划滇黔为五边岸，湘鄂五府二州为十二计岸各设一家公司来承销引盐"的改革方案。改革方案得到批准后，晏安澜根据四川的特殊情况成立了綦边公司、济楚公司、仁边公司、涪边公司等二十五家盐运公司。由于北洋政权更迭，袁世凯恢复皇权，四川爆发了讨袁战争，使得四川盐业生产和运销再次陷入困境，刚刚运行了六个月的盐运公司顷刻瓦解。

　　綦边公司银锭是这二十五家盐运公司中唯一存世的银锭。

炉关杂款拾两银锭

戳记：炉关杂款

重量：339.6 克

尺寸：通长 62 毫米，通宽 55 毫米，通高 28 毫米

　　炉关是打箭炉常关，是康熙四十年（1701）设立的，负责在城东门征收茶杂税银。打箭炉是"川康商道"的重要枢纽，是内地与西藏商业贸易的唯一交易地点。每年关税丰厚，乾隆五十七年（1792），仅茶、杂、米豆等税银达 22641.094 两。杂款就是杂税。

乐山县津贴拾两银锭

戳记：乐山县 二十二年津贴 匠坤姓永

重量：357 克

尺寸：通长 63 毫米，通宽 55 毫米，通高 24 毫米

　　咸丰五年（1855），四川为了筹集军饷，率先正式按粮随征津贴，即每田赋银一两，此后各省相继模仿。津贴起初属于权宜之计的临时加派，后变为历年征收的田赋的正式附加。根据同治二年骆秉章奏折可以知道四川省的钱粮津贴情况："查川省自咸丰二年起，陆续举办按粮津贴，各项捐输，至今十载。津贴每有带征、缓征、免征之分，捐输亦有按粮、普律、官民之别，案牍丛杂，头绪纷繁，非若额征钱粮年清年款，可以按册而稽。"

荣经县炉关茶课拾两银锭

戳记：荣经县 炉关茶课 聚发源

重量：354 克

尺寸：通长 58 毫米，通宽 52 毫米，通高 30 毫米

　　茶课，对茶商征税，清代前期的茶税主要行引法，类似盐税的引岸法。茶法分官茶、商茶、贡茶。只有商茶实行引岸法，清代后期，因财政需求扩大，在不同地区增设茶厘、茶捐、落地税、关税等。四川设有茶盐道，是专门负责盐茶课的征收。炉关设在打箭炉的常关，在此中转的主要商品就是茶叶，茶课占打箭炉整个税收的 80%。清政府规定了雅安府所属各州向西藏运销茶叶的边引数额，如邛州为 23000 引，雅安为 27860 引，天全州为 27020 引，名山县为 1830 引，荣经县为 23314 引。

达县昭信分局拾两银锭

戳记：达县 昭信分局 宝源通

重量：377 克

尺寸：通长 59 毫米，通宽 51 毫米，通高 30 毫米

　　昭信分局是发行昭信股票的专门机构。光绪二十四年（1898）初，光绪皇帝为偿付甲午战争的巨额赔款，采纳侍讲学士黄思永的建议，仿效外国发行公债的办法制定发行"昭信股票"。昭信股票总额"库平银"一万万两，年息五厘，以田赋、盐税为担保，前十年只付息，后十年本息并付，共二十年还清。发行办法是全国发行，动员官民认购，光绪皇帝作出保证："按时还款，永不充公。"由户部专设发行昭信股票的"昭信局"，各省设分局，各府、州、县设支局，都设有专门负责发行股票的官员。

夔关叁两银锭

戳记：夔关 九年十月 匠胡大有

重量：93 克

尺寸：直径 39 毫米，通高 14 毫米

　　夔关设在四川东部的夔州府(今重庆奉节)。自唐宋元明以来，始终是长江上游的重要榷关。鸦片战争之前，夔关作为当时最主要的常关之一，对来往于四川和湖北的商船征收商业税、杂税、粮税等众多关税。咸丰年间，随着厘金的扩大，夔关征收的关税以各类厘金为主。银锭有 10 两、5 两、3 两等三种。早期十两银锭圆而拙，光绪年间的十两银锭为圆碗型。

夔关叁两银锭

戳记：夔关 匠胡英

重量：91.1 克

尺寸：直径 36 毫米，通高 17 毫米

夔关伍两银锭

戳记：夔关 十五年八月 匠王福兴

重量：146.4 克

尺寸：通长 40 毫米，通宽 40 毫米

　　　　通高 13 毫米

夔关拾两银锭

戳记：夔关 三年十一月 罗寿先 福

重量：379 克

尺寸：通长 51 毫米，通宽 51 毫米

　　　　通高 33 毫米

四川夔关拾两银锭

戳记：四川夔关 四川夔关

重量：365 克

尺寸：通长 62 毫米，通宽 59 毫米

　　　　通高 31 毫米

夔州府拾两银锭

戳记：夔州府段 四十六年八月 银匠胡兰

重量：359 毫米

尺寸：通长 51 毫米，通宽 49 毫米，通高 33 毫米

富顺县拾两银锭

戳记：富顺县 十年匠张宝和

重量：330.2 克

尺寸：通长 60 毫米，通宽 54 毫米，通高 24 毫米

蓬溪县拾两银锭

戳记：蓬溪县 十九年 匠裕国泉

重量：340.5 克

尺寸：通长 63 毫米，通宽 54 毫米，通高 25 毫米

银的历程—从银两到银元

① 富顺县足色纹银拾两银锭

戳记：富顺县 足色纹银

重量：357 克

尺寸：通长 56 毫米，通宽 47 毫米
　　　通高 25 毫米

② 光绪十七年南溪县拾两银锭

戳记：南溪县 光绪十七年 匠张恒益

重量：358 克

尺寸：通长 62 毫米，通宽 54 毫米
　　　通高 24 毫米

③ 宣统二年渠县拾两银锭

戳记：渠县 宣统二年 匠兴顺源

重量：353 克

尺寸：通长 61 毫米，通宽 53 毫米
　　　通高 21 毫米

④ 光绪二十一年什邡县拾两银锭

戳记：什邡县 光绪二十一年 匠张恒益

重量：363 克

尺寸：通长 60 毫米，通宽 54 毫米
　　　通高 21 毫米

⑤ 光绪十四年泸州拾两银锭

戳记：泸州 光绪十四年 匠源义和

重量：387 克

尺寸：通长 60 毫米，通宽 52 毫米
　　　通高 25 毫米

⑥ 光绪廿四年洪雅县拾两银锭

戳记：洪雅县 光绪廿四年 匠宝源通

重量：380 克

尺寸：通长 61 毫米，通宽 53 毫米
　　　通高 22 毫米

⑦ 光绪二十七年绵竹县拾两银锭

戳记：绵竹县 光绪二十七年 匠张恒益

重量：388 克

尺寸：通长 60 毫米，通宽 53 毫米
　　　通高 22 毫米

⑧ 仁寿县拾两银锭

戳记：仁寿县 八年匠 兴隆号

重量：357 克

尺寸：通长 61 毫米，通宽 54 毫米
　　　通高 22 毫米

⑨ 嘉定府拾两银锭

戳记：嘉定府 嘉定府

重量：344 克

尺寸：通长 60 毫米，通宽 53 毫米
　　　通高 25 毫米

铤锭春秋　清／民国　四川

云南

道光九年宾川州课拾两银锭

戳记：道光九年 宾川州课 银匠秦岳

重量：365 克

尺寸：通长 46 毫米，通宽 43 毫米，通高 22 毫米

道光二十七年石膏井拾两银锭

戳记：道光二十七年 石膏井 银匠徐学

重量：378 克

尺寸：通长 49 毫米，通宽 42 毫米，通高 22 毫米

景东厅课银拾两银锭

戳记：景东厅 银匠何荣昌 课银

重量：422 克

尺寸：通长 50 毫米，通宽 47 毫米，通高 20 毫米

咸丰四年白井课拾两银锭

戳记：咸丰四年 白井课 洪维选 课

重量：398.3 克

尺寸：通长 50 毫米，通宽 48 毫米，通高 23 毫米

拉井课银拾两银锭

戳记：拉井课银 匠赵子恭

重量：367.6 克

尺寸：通长 52 毫米，通宽 39 毫米，通高 24 毫米

白井课拾两银锭

戳记：白井课 匠布裕泰

重量：412 克

尺寸：通长 48 毫米，通宽 48 毫米，通高 20 毫米

抱香井拾两银锭

戳记：抱香井 匠张荣

重量：358.6 克

尺寸：通长 41 毫米，通宽 40 毫米，通高 26 毫米

抱香井拾两银锭

戳记：抱香井 罗太平

重量：368.1 克

尺寸：通长 50 毫米，通宽 43 毫米，通高 25 毫米

蒙化拾两银锭

戳记：蒙化银匠朱忠

重量：389.6 克

尺寸：通长 50 毫米，通宽 45 毫米，通高 25 毫米

蒙化课拾两银锭

戳记：蒙化课 银匠徐光

重量：366.8 克

尺寸：通长 53 毫米，通宽 43 毫米，通高 25 毫米

琅盐井课伍两银锭

铭文：琅盐井课 课 琅盐井课

重量：186.8 克

尺寸：通长 47 毫米，通宽 39 毫米，通高 12 毫米

镕盛盐课柒两银锭

戳记：镕盛盐课 镕盛盐课

重量：230 克

尺寸：通长 37 毫米，通宽 46 毫米，通高 17 毫米

白盐井课叁两银锭

戳记：白盐井课

重量：112 克

尺寸：通长 32 毫米，通宽 35 毫米，通高 14 毫米

楚雄府镇南州伍两银锭

戳记：楚雄府镇南州

重量：188 克

尺寸：通长 39 毫米，通宽 39 毫米，通高 24 毫米

黑井伍两银锭

戳记：黑井黄恕　黑井黄恕　黑井黄恕

重量：154.8 克

尺寸：通长 59 毫米，通宽 42 毫米，通高 8 毫米

黑井杨天宝伍两银锭

戳记：黑井杨天宝　黑井杨天宝　黑井杨天宝

重量：202.9 克

尺寸：通长 54 毫米，通宽 45 毫米，通高 11 毫米

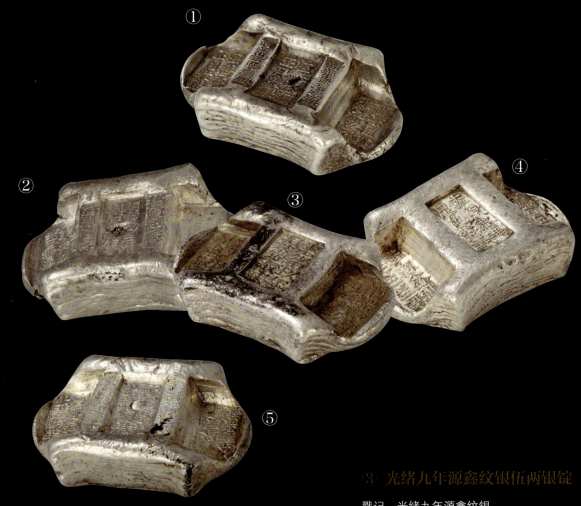

① ② ③ ④ ⑤

③ 光绪九年源鑫纹银伍两银锭

戳记：光绪九年源鑫纹银
重量：200.5 克
尺寸：通长 60 毫米，通宽 39 毫米，
　　　通高 14 毫米

① 恒裕盛记正月纹银伍两银锭

戳记：恒裕盛记正月纹银　鸿发财源茂盛
重量：192 克
尺寸：通长 60 毫米，通宽 35 毫米，
　　　通高 15 毫米

④ 足色盐课李源鑫号伍两银锭

戳记：足色盐课李源鑫号
重量：220 克
尺寸：通长 57 毫米，通宽 37 毫米，
　　　通高 15 毫米

② 胡宝丰号八月纹银伍两银锭

戳记：胡宝丰号八月纹银　过火为真　如假包换
重量：198 克
尺寸：通长 60 毫米，通宽 35 毫米，
　　　通高 15 毫米

⑤ 宝来庆记公议纹银伍两银锭

戳记：宝来庆记公议纹银　公议纹银记
重量：181.7 克
尺寸：通长 57 毫米，通宽 37 毫米，
　　　通高 15 毫米

镒元公记汇号纹银伍两银锭

戳记：镒元公记汇号纹银 开设蒙城外 汇号公估看
重量：167.3 克
尺寸：通长 58 毫米，通宽 32 毫米，通高 15 毫米

万泰元记汇号纹银伍两银锭

戳记：万泰元记汇号纹银 汇号纹银童看讫
　　　汇号纹银佘看讫
重量：182.3 克
尺寸：通长 59 毫米，通宽 36 毫米，通高 15 毫米

昭通府伍两银锭

戳记：昭通府
重量：167.4 克
尺寸：通长 48 毫米，通宽 43 毫米，通高 18 毫米

贵州

　　茶花形银锭是贵州特有的品种，存世有壹两、伍两、伍拾两三种，因形似茶花而得名。五两锭的花瓣通常是 12 瓣，也有 16 瓣的，非常少见；一两小茶花锭通常 6-8 瓣。五两锭分有铭文和无铭文两种，常见是贵阳、安顺等地名。一两锭有福禄寿喜等吉语，像"钱粮银"这样的一两茶花锭较为少见。

贵阳伍两银锭

戳记：贵阳
重量：185.8 克
尺寸：直径 48 毫米，通高 30 毫米

贵阳伍两银锭

戳记：贵阳
重量：176 克
尺寸：直径 46 毫米，通高 26 毫米

贵阳伍两银锭

戳记：贵阳
重量：181.7 克
尺寸：直径 45 毫米，通高 29 毫米

钱粮银壹两银锭

戳记：钱粮银
重量：28.5 克
尺寸：通长 25 毫米，通高 14 毫米

贵州官钱局估平壹两银锭

戳记：贵州官钱局估平壹两足银
重量：36.2 克
尺寸：直径 22 毫米，通高 11 毫米

安顺府拾两银锭

戳记：安顺府 洪兴号
重量：367 克
尺寸：直径 53 毫米，通高 33 毫米

榕江裕兴恒拾两银锭

戳记：榕江裕兴恒
重量：368.1 克
尺寸：通长 60 毫米，通宽 50 毫米，通高 25 毫米

镇远钱局拾两银锭

戳记：镇远钱局
重量：378.1 克
尺寸：通长 61 毫米，通宽 51 毫米，通高 31 毫米

民国府谷县伍拾两银锭

戳记：民国年月日 府谷县 恒元永
重量：1816 克
尺寸：通长 119 毫米，通宽 75 毫米，通高 39 毫米

浦城契税伍两银锭

戳记：浦城契税

重量：144 克

尺寸：通长 44 毫米，通宽 37 毫米，通高 20 毫米

　　契税也称田房契税，是对田地和房屋等不动产所征的税种。

通商银局伍两银锭

戳记：通商银局

重量：166.6 克

尺寸：通长 45 毫米，通宽 36 毫米，通高 21 毫米

差傜伍两银锭

戳记：差傜褒城张全

重量：158 克

尺寸：通长 46 毫米，通宽 35 毫米，通高 20 毫米

凤宝土厘伍两银锭

戳记：凤宝土厘

重量：163.2 克

尺寸：通长 45 毫米，首宽 22 毫米，通高 23 毫米

　　凤宝土厘为土药厘金，即国产鸦片厘金。

大庆关厘金局伍两银锭

戳记：大庆关厘金局
重量：150.1 克
尺寸：通长 44 毫米，通宽 35 毫米，通高 26 毫米

　　大庆关位于朝邑县，咸丰八年（1858）创立厘金局，下设 2 个厘卡，主要是对铁盐抽厘，兼对香矾、汉烟、洋布、京货抽厘。

兴平厘局伍两银锭

戳记：兴平厘局
重量：152.2
尺寸：通长 46 毫米，通宽 35 毫米，通高 22 毫米

白河县厘金局伍两银锭

戳记：白河县厘金局忠信号
重量：151.9 克
尺寸：通长 45 毫米，通宽 35 毫米，通高 20 毫米

　　白河县厘金局成立于咸丰八年（1858），属下设 2 个厘卡，主要征收布匹、棉花厘金，也征收洋斜竹布、南糖、烟酒、瓷器等。

兴安厘局伍两银锭

戳记：兴安厘局
重量：137.7 克
尺寸：通长 43 毫米，通宽 35 毫米，通高 20 毫米

　　咸丰八年（1858）二月，陕西巡抚曾望颜奏准在陕西省设立捐厘总局，试办厘金。初期在长武县、宝鸡县、靖边县、略阳县、宁羌州、阳平关、白阿县、资阳县、潼关、商州之龙驹寨、大庆关、华阳县三河口等州县镇等地设立厘金局十二处。对各省来往货币抽收行商厘金，具体货物有布匹、水烟、棉花、低料、绸缎、皮货、海菜、茶酒、木料等。对坐商抽厘则委派当地地方官员办理。初期税率为 4 厘 5 钱，即 4.5%。后改为值百抽四，即 4%。陕西厘金有六种，货厘、土药厘、晋省包解盐厘、加抽糖厘、加抽烟酒厘及牙厘等。

朝邑厘金叁两银锭

戳记：朝邑厘金
重量：109.3 克
尺寸：通长 45 毫米，通宽 36 毫米，通高 22 毫米

咸阳厘税叁两银锭

戳记：咸阳厘税
重量：115.8 克
尺寸：通长 44 毫米，通宽 35 毫米，通高 21 毫米

扶兴永厘金局拾两银锭

戳记：扶兴永 厘金局
重量：351.9 克
尺寸：通长 63 毫米，通宽 53 毫米，通高 31 毫米

汉中杨记拾两银锭

戳记：汉中杨记
重量：373.2 克
尺寸：通长 57 毫米，通宽 47 毫米，通高 25 毫米

甘肃

庄浪隆泰伍两银锭

戳记：庄浪隆泰
重量：155.5 克
尺寸：通长 46 毫米，通宽 35 毫米，通高 27 毫米

宣统二年甘肃拾两银锭

戳记：甘肃 李德平 宣统二 年 富源县
重量：365 克
尺寸：通长 49 毫米，通宽 59 毫米，通高 34 毫米

①　　　　　　　②　　　　　　　③

④　　　　　　　⑤　　　　　　　⑥

① 秦州贰两银锭

戳记：秦州赵秉通
重量：60.5 克
尺寸：通长 37 毫米，通宽 32 毫米，
　　　通高 11 毫米

② 茶课叁两银锭

戳记：茶课 雷浩
重量：82.7 克
尺寸：通长 41 毫米，通宽 36 毫米，
　　　通高 12 毫米

③ 陇西叁两银锭

戳记：陇西董国泰
重量：83.2 克
尺寸：通长 41 毫米，通宽 30 毫米，
　　　通高 11 毫米

④ 宁州叁两银锭

戳记：宁州 王维泰
重量：87 克
尺寸：通长 41 毫米，通宽 31 毫米，
　　　通高 13 毫米

⑤ 永昌叁两银锭

戳记：永昌 党席珍
重量：96.4 克
尺寸：通长 43 毫米，通宽 38 毫米，
　　　通高 10 毫米

⑥ 通渭叁两银锭

戳记：通渭 王健昌
重量：81.2 克
尺寸：通长 42 毫米，通宽 32 毫米，
　　　通高 12 毫米

道验伍拾两银锭

戳记：道验　道验
重量：1873 克
尺寸：通长 100 毫米，通宽 66 毫米，通高 70 毫米

　　清政府在新疆设有阿克苏道、迪化道、伊塔道、喀什噶尔兵备道等行政管理区，"道验"是这些地区的道库验收的意思。

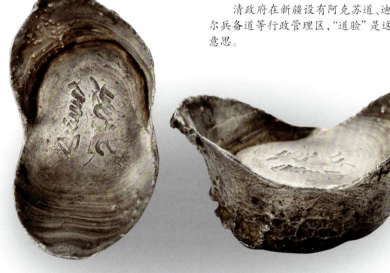

回文拾两银锭

重量：380 克
尺寸：通长 73 毫米，通宽 41 毫米，通高 45 毫米

新疆省银行造伍拾两银锭

戳记：新疆省银行造
重量：1873.5 克
尺寸：通长 117 毫米，通宽 79 毫米，通高 69 毫米

　　新疆省银行成立于民国十九年（1930），曾铸造过银锭
和银币，其中五十两银锭是该行的准备金。

东北

光绪江省庆丰银号伍拾两银锭

戳记：光绪年月日 江省庆丰银号

重量：1892.7 克

尺寸：通长 134 毫米，通宽 72 毫米，通高 113 毫米

天官赐福伍拾两银锭

戳记：天官赐福 招财童子至 利市仙官来

重量：1888.6 克

尺寸：通长 106 毫米，通宽 66 毫米，通高 75 毫米

宣统招财进宝伍拾两银锭

戳记：招财进宝 宣统年月 代州德亨魁

重量：1895.1 克

尺寸：通长 105 毫米，通宽 68 毫米，通高 65 毫米

戳记：一本万利 招财童子至 利市仙官来
重量：1883 克
尺寸：通长 120 毫米，通宽 70 毫米，通高 80 毫米

一本万利伍拾两银锭

戳记：一本万利 招财童子至 利市仙官来
重量：1871 克
尺寸：通长 113 毫米，通宽 67 毫米，通高 72 毫米

一本万利伍拾两银锭

双喜壹两银锭

戳记：囍
重量：36.7 克
尺寸：通长 28 毫米，通宽 22 毫米
　　　通高 16 毫米

双喜叁两银锭

戳记：囍
重量：109.7 克
尺寸：通长 40 毫米，通宽 32 毫米
　　　通高 20 毫米

福禄寿财囍肆两银锭

戳记：福禄寿财囍
重量：140.3 克
尺寸：通长 40 毫米，通宽 33 毫米，通高 20 毫米

五喜伍两银锭

戳记：喜 囍
重量：182.7 克
尺寸：通高 43 毫米，通宽 41 毫米，通高 19 毫米

开封府招财进宝拾两银锭

戳记：开封府 招财进宝
重量：333.5 克
尺寸：通长 60 毫米，通宽 54 毫米，
　　　通高 24 毫米

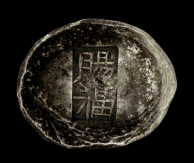

赐福叁两银锭

戳记：赐福
重量：101 克
尺寸：通长 43.6 毫米，通宽 34.3 毫米，
　　　通高 19.6 毫米

喜报伍两银锭

戳记：喜报
重量：188.8 克
尺寸：通长 55 毫米，通宽 45 毫米，
　　　通高 23 毫米

见我发财拾两银锭

戳记：见我发财
重量：385.3 克
尺寸：通长 59 毫米，通宽 51 毫米，
　　　通高 28 毫米

慈寿贰两银锭

戳记：慈寿
重量：72.1 克
尺寸：通长 40 毫米，通宽 24 毫米，
　　　通高 22 毫米

囍贰两银锭

戳记：囍　裘天宝
重量：55 克
尺寸：通长 37 毫米，通宽 22 毫米，
　　　通高 20 毫米

囍字拾两银锭

戳记：囍
重量：354.7 克
尺寸：通长 67 毫米，通宽 43 毫米，通高 42 毫米

庆丰拾两银锭

戳记：庆丰
重量：354.9 克
尺寸：通长 64 毫米，通宽 42 毫米，通高 48 毫米

喜、福、寿、禄、乐寿堂闵壹两银锭

① 福
重量：30.8 克
尺寸：通长 30 毫米，通宽 16 毫米，通高 18 毫米

② 禄
重量：31.8 克
尺寸：通长 28 毫米，通宽 16 毫米，通高 20 毫米

③ 寿
重量：30.5 克
尺寸：通长 30 毫米，通宽 17 毫米，通高 17 毫米

④ 囍
重量：31.7 克
尺寸：通长 30 毫米，通宽 17 毫米，通高 19 毫米

⑤ 乐寿堂闵
重量：30.9 克
尺寸：通长 30 毫米，通宽 15 毫米，通高 15 毫米

第二部分　　从两到元

　　明清以来,白银一直是主要通货。清代从顺治元年至宣统三年(1644~1911)的268年中,银两始终是国家收支的货币单位。虽然制钱是最广泛的通行货币,但国家财政收支是用银两为计算单位。

　　清代的银两制度极为复杂,不仅各地铸造的银锭成色高低不同,而且各地所使用的平码大小标准也不统一。于是,出现了各种各样平色标准,如库平是户部征税时使用的平码,库平一两等于37.31克。漕平是漕粮兑换银两时使用的平码,漕平一两等于36.64克。关平是征收关税时使用的平码,关平一两等于37.68克。另外,市场流通还有市平,各地的市平标准更加丰富多彩,如济南有济平、吉林有厂平、杭州有司库平、直隶有京平、天津有行平、太原有康平、大同有同平、营口有营平、长春有宽平、汉口有洋例平等。这就造成了甲地银两不能直接通行于乙地的尴尬局面。银两在异地使用时必须根据当地的平色标准验色称重或者重新熔铸,十分不便。为了解决这种复杂的银两流通制度,各地产生了相对统一的虚银两计算标准。这种计算标准规定其名称、重量和成色,并按照当地的习惯,规定其计算和行用方法,是中央或地方、政府或商民所公认的一种通行标准银。虚银两的种类和名目很多,主要有纹银、九八规元、炉银、洋列银、行化银等。纹银是康熙年间(1662~1722)清政府法定的一种银两的标准成色,属虚银中最早的一种,成色约为九三五点三七四,即每一千两纹银含有935.374两纯银。习惯是每百两纹银须申水六两等于足银。九八规元,又称规银,是上海地区用作商品交易的银两计算单位。炉银,又称过炉银,是营口铸造现宝的炉房所发,并附有三个月期限的一种对人或对物的簿记信用。洋列银,为汉口所通用的一种虚银两,是专门为外国商人来汉口通商时制定的计算标准。行化银,天津通用专属记账用的虚银两。虽然虚银两在一定程度上起到了平衡调剂银两的流通作用,甚至在广泛的商贸活动中成为一时的本位货币,表现出银两流通制度开始逐渐趋于统一。但是由于各地平砝的差异,宝银种类的繁多,以及所产生的各种虚银两之间不能跨越银两流通中的区域性问题,使得银两在流通时仍然存在着难以克服的困难和不便。鸦片战争以后,中国陆续开放了从沿海到内地的数十个通商口岸,国际间的贸易从沿海向内地深入,客观上,市场迫切需要一种交易简单快捷的白银货币。这时,来自西班牙、墨西哥、美国、英国、荷兰、法国、日本等国银币很好地缓解了中国固有的银两制度给市场交易造成的不便,也给中国改革币值带来了契机,成为银元制度产生的催化剂。

　　从银两制度过渡到银元制度并不是一帆风顺的,早在道光咸丰年间,就有林则徐、周腾虎等有识之士提议自铸银元,但一直没有得到清政府的准许。其间,在台湾、福建、上海、杭州、湖南、吉林等地也出现了官方或民间模仿外国银元自行铸造的银饼和银元。直到光绪十三年(1887)二月,两广总督张之洞根据国家财政与国际贸易的需要,几次请奏朝廷才将这个愿望变为了现实。张之洞说:"广东通省皆用外洋银钱,波及广西至于闽、浙、皖、鄂,所有通商口岸,以及湖南、四川、前后藏,无不通行,以致漏卮无底。粤省拟试造外洋银元,每元重漕平七钱三分,今拟每元加重一分五厘,银元上面铸'光绪元宝'四字,周围铸'广东省造库平七钱三分'十字,并用汉文洋文,以便与外洋交易。支放各种饷需官项,与征收厘捐盐课杂税,及粤省洋关税项向收洋银者,均与洋银一同行用。"同时,向英国伯明罕喜敦造币厂订购全套造币机器,聘请外籍技师,于光绪十五年(1889)开始制造广东光绪银元,经过几次试制改版,终于在光绪十六年(1890)正式发行新版银元。新银元分五等面值,采用重量为库平七钱二分为主币。钱文"光绪元宝",龙纹为装饰图案,"龙洋"就此得名。"龙"是指龙纹,"洋"取自洋银,以区别"本洋"、"鹰洋"、"站洋"等外国银元。

光绪二十一年(1895),湖北继广东之后也设立造币厂制造银元。与其同时,天津北洋机器局也附带制造银元。此后,各省纷纷效仿,竞相设厂开制,至此,已有广东、湖北、北洋、江南、新疆、安徽、湖南、奉天、吉林、福建、云南等十余个省设立造币厂制造各省"龙洋"银元。各省制造"龙洋"银元都以广东"龙洋"为蓝本,文字图案大同小异,尺寸成色参差不齐。

民国时期军阀混战,各派势力争权夺利。这时的银元制造充分体现出这一特点,币面图案均采用人物头像。民国初年,制造了孙中山像开国纪念币和黎元洪像开国纪念币。民国三年(1914)财政部整顿币制,天津造币总厂首先制造以袁世凯头像为图案的新版银币。1927年国民党政府复都南京后,于次年召开国民党全国经济会议,决定废两改元,并在上海建立中央造币厂,先后制造了以孙中山头像为图案的新式银元。除此之外,各省造币厂还制造了以张作霖、唐继尧、段祺瑞、曹锟、徐世昌像为图案的各种行用银币和纪念银币。

清 银 饼

寿星银饼

直径：40 毫米
AU

　　《南部台湾志》载："台湾自归清国版图以来，本岛政费及由潘司运来纹银锭，……再在台南铸造银币，以应需要。其所铸银币。日老公银，面有一寿星像。"银饼正面钤老寿星像，像下面钤"库平七二"四字等同与外图银元的重量。左右横书"足纹银饼"、"道光年铸"，背钤一宝鼎。上有"卍"（万）字，取鼎盛万年之意。此币系手工打制，币心厚、币边薄。正背面留有很多官府验明真伪的戳记，常见的有"官方"、"一"、"王"、"癸二"和"天"等。

如意银银饼

直径：40 毫米
AU

　　咸丰三年（1853）四月，李石、林恭于凤山起义，台湾道库急拨银两由台湾知府铸造如意、笔宝银饼，以应急需。该银饼正面钤一宝鼎，象征财富的聚宝盆，左右分钤"府库"、"军饷"，背面交叉如意，左右分钤"足纹"、"通行"。币面留有行用时为验成色而打上的多个戳记，如"六"即"一八"之意，表示重量六钱八分，还有"升平"、"王"、"库"、"始"等等。面背边饰"回"字纹。

漳州军饷"曾"字银饼

直径：40 毫米
VF

　　福建省在道光年间曾铸过三种"军饷"银饼，系手工打制。币正面上部钤"漳州军饷"或"军饷"，下部钤签字画
押；背面钤"足纹通行"。该币钤的画押通常被释为"曾"，故称"曾"字银饼。此外，币正背面通常留有流通过程中验
明正身的各种戳记。

百福银饼

　　道光年间,浙江杭州的协丰、文元、敦裕、性诚等钱庄也模仿外国银元的重量铸造七二银饼,该种银饼正面砸有地名、钱庄名、面值等戳记,与当时浙江通行的五两银锭一致,显示该银饼既可以交税上解,也可以与外洋自由兑换,流通市面。

戳记：百福 西安 性诚

重量：23.9 克

直径：27.7 毫米 厚 5.3 毫米

戳记：百福 吉祥 如意

重量：14 克

直径：20 毫米 厚 4 毫米

咸丰六年上海王永盛壹两银饼

　　1865 年 11 月 29 日《北华捷报》报道:"上海道采取一弓两弦的政策,决定以纯银铸造一两重银饼来普遍流通。他成立一个组织就他所有的粗糙机器来说,他成功地生产出一种可赞赏的银饼。"上海银饼以申漕平一两为单位,成色九八,重 36g 左右。有上海县号商王永盛、郁森盛、经正记等三家商号参与制造。

铭文：咸丰六年上海县号商王永盛足纹银饼朱源裕
　　　监倾曹平实重壹两银匠万全造

直径：40 毫米

湖南银饼

　　湖南是南方一个富饶的地方，各项税收颇丰。光绪年间，民间仍习用银两交易，无论官银钱局，还是民间银号、钱庄皆铸造银饼。面值有一钱至一两多种，沿用省平（即湘平），如大清银行银饼、长沙乾益字号、阜南官局、湖南官钱局等铸造的银饼，都是当时流通市场的活跃品种。

铭文：湖南官钱局造 省平足纹壹两
直径：25 毫米
重量：36.1 克
AU50

铭文：长沙乾益字号 省平足纹壹两
直径：26.5 毫米
重量：35.9 克
AU55

铭文：湖南阜南官局 省平足纹壹两
直径：26.5 毫米
重量：35.9 克
AU55

铭文：湖南阜南官局 省平足纹七钱
直径：27 毫米
重量：26 克

光绪十年吉林机器局造半两银币

直径：31 毫米
重量：10.81 克

　　吉林省没有铸钱的历史，在商品交易方面是相当落后的，商民入市交易，大都使用银和布。直到清朝同治、光绪年间，才有了从别省流入的制钱流通于市。光绪十年（1884），吉林将军希元决定自铸银币以稳定金融市场，并于同年十二月初十上奏朝廷阐述自铸银币的理由及所铸"厂平"银币的情况。他说："吉省制钱久缺，市面益形萧条，于是筹商再四，惟有仿照制钱式样，铸造银钱以济现钱之缺，以代凭贴之用。先由俸练各饷项下提银五千两，饬交机器局制造足色银一钱、三钱、五钱、七钱、一两等重银钱，一面铸刻监制年号，一面铸刻轻重银数，'吉林厂平清汉'字样，盖吉林地方俗称船厂，厂平二字实从俗也。"如奏折所言，光绪十年（1884）吉林机器局制造的厂平银币分有五等，即一两、七钱、半两、三钱和一钱。

清 银 币

广东

广东省造光绪元宝库平七钱三分反版银币

库平七钱三分
直径：39.5 毫米
MS63+

库平三钱六分五厘
直径：33 毫米
MS66

库平一钱四分六厘
直径：23 毫米
MS66

库平七分三厘
18 毫米
MS62

库平三分六厘五
16 毫米
SP63

库平七钱三分
试打样币（光边加厚版）
直径：39.5 毫米
SP60

库平三钱六分五厘
试打样币（光边加厚版）
直径：33 毫米
SP60

库平一钱四分六厘
试打样币（光边加厚版）
直径：23 毫米
SP60

库平七分三厘
试打样币（光边加厚版）
直径：18 毫米
SP60

　　清光绪十五年（1889）广东钱局银币厂制造。面值有库平七钱三分、三钱六分五厘、一钱四分六厘、七分三厘和三分六厘等五种。正面中间钤汉满文"光绪元宝"，外围钤英文地名及面值，两侧分钤十字花星；背面中央钤蟠龙图，外围上下钤汉文地名及面值。因其面值定为库平七钱三分，又将英文置于币面，故称"七三反版"。该套银币是中国历史上第一套"龙洋"。

广东省造光绪元宝库平七钱三分反版银币

镜面样币
39.5 毫米
SP61

广东省造光绪元宝库平七钱二分反版银币铜样

直径：39 毫米
SP64+

　　"反版"源于"番版"，清代民间将外国银币称为"番饼"。因其正面有英文，百姓沿袭旧名，称之为"番版"，日久讹成"反版"。"七三反版"银币比外币加重漕平一分五厘，折耗甚巨，出现了亏损，加上香港汇丰银行也要求新币重量应和外币重量相一致。于是，光绪十五年（1889）十月，广东造币厂改"七三"为"七二"。这套"七二反版"银币送呈中央后，清廷以英文置于币面颇为不满，认为不符合中国体制，命将英文放在银币背面。故该套银币仅存样币，颇为稀见。

广东省造光绪元宝库平七钱二分反版银币

库平七钱二分
直径：39.5 毫米
SP61

库平三钱六分
直径：33 毫米
MS64

库平一钱四分四厘
直径：23 毫米
AU53

库平七分二厘
18 毫米
EF Details

库平三分六厘
直径：16 毫米
SP64

广东省造光绪元宝库平七钱二分银币

直径：39毫米
MS 62

　　清光绪十六年（1890）四月初二广东钱局银币厂正式制造将英文放置币背面的新版银币。面值有库平七钱二分、三钱六分、一钱四分四厘、七分二厘、三分六厘等五种。该套银币是清末机制银元的典范。

广东省造宣统元宝库平七钱二分银币

直径：39毫米
MS 64

　　宣统二年（1910），度支部为整顿币制，将各省造币厂或裁或并，广东钱局因信誉卓著，不在裁并之列，但被更名为"度支部广州造币分厂"，同年制造"宣统元宝"银币。

湖北省造光绪元宝背"本省"库平七钱二分银币

直径：38 毫米

　　光绪十五年（1889）七月，张之洞调任湖广总督，于光绪十九年（1893）八月上奏朝廷请铸银元，经户部议复奏旨允准后，即在武昌三佛阁街旧守备署成立湖北银元局。委候补道蔡锡勇为总办。光绪二十年（1894）制造湖北省造光绪元宝银币，面值有七钱二分、一钱四分四厘和七分二厘三种。式样模仿广东省银元，仅将"广东"字样改为"湖北"，正面的花星改成六瓣花，背面加钤"本省"两字，意为本省通用。

湖北省造光绪元宝库平七钱二分银币

直径：39 毫米
MS 64

　　光绪二十年（1894）二月，张之洞奉命调任南洋，但他对自己一手筹建的湖北银元局不愿拱手让人，便向朝廷奏请"湖北银元局归南洋经理，余利协济鄂省"。获准后，由江南支应局借拨银二十万两，向外洋进口银条，聘请一名洋人化学工程师，调和成色，依法配合制造。光绪二十一年（1895），湖北银元局制造了一套大小五种银元。日铸5000两，通行于湖北全省以及各口岸内地，尤以江苏、安徽、江西三省行销最畅。

光绪三十年湖北省造库平壹两大清银币

小字版
直径：40 毫米
MS64

大字版
直径：40 毫米
MS64

　　光绪二十年（1904）十一月，端方下令："现经本部堂奏
准，就湖北试铸一两重银圆，名曰大清银币。奏内声明此项
银币即为将来中国全国划一元银币，是此后所铸银圆即为国
币，应饬将银元局改名为银币局。"十二月湖北银币局制造
了"湖北大清银币一两"。事与愿违，一两银币上市不久便遭
抵制而被迫停造。

湖北省造宣统元宝库平七钱二分银币

直径：39 毫米
MS 65+

　　宣统二年（1910）五月，湖北银币局与铜元局合并收归
部有，更名"武昌造币分厂"，奉度支部之命制造宣统元宝银
币，面值分五种，与湖北光绪元宝银币相同。

光绪二十四年安徽省造光绪元宝库平七钱二分银币

T.A.S.C
直径：38.5 毫米
MS62+

直径：38.5 毫米
扁四小花
MS66

直径：38.5 毫米
扁四大花
MS64

戊戌安徽省造光绪元宝库平七钱二分银币

直径：39毫米
MS63

安徽省造光绪元宝库平七钱二分银币

直径：39毫米
MS64

　　光绪二十三年（1897）三月，安徽巡抚邓华熙奏请朝廷："安徽制钱缺乏，请仿广东、湖北筹铸大小银元，以济钱荒，而挽外溢之利。"此奏获准后，邓派侯补道潘汝杰到上海向德国商人订购国外造币机器设备。同时在安庆东门城内鹭鸶桥制造局旧址设立安徽银元局。光绪二十四年（1898）二三月，订购的机器设备抵达安徽，安装落成。银元局雇用熟练工匠若干，按照广东、湖北银元的分量、成色，于三月开始制造大小5种银元。光绪二十四年的银币有四种式样：第一种，正面中央"光绪元宝"的四周有阳文英文小字"T.A.S.C"即"TA TSING AN HWEI SILVER COIN"（大清安徽银币）的缩写。面值有七钱二分、三钱六分、一钱四分四厘和七分二厘四种。第二种，正面没有英文小字，花星很小，面值有七钱二分和七分二厘两种；第三种与第二种相似，正背面花星为六瓣长花，面值有七钱二分、一钱四分四厘和七分二厘三种。第四种，正面外围注明"戊戌安徽省造"，面值有七钱二分和七分二厘两种。

江南省造光绪元宝库平七钱二分银币

直径：39 毫米
MS63

　　江南省于光绪二十二年（1896）十月初成立"江南铸造银元总局"，于光绪二十三年（1897）十二月开炉试造。江南省初造银元，无干支纪年，俗称"老江南"。面值有七钱二分、三钱六分、一钱四分四厘、七分二厘和三分六厘五种，主币有光边、齿边、鹰洋边之分。光绪二十四年（1898）开始至光绪三十一年（1905）制造的银币均标明干支纪年。

戊戌江南省造光绪元宝库平七钱二分银币

戊戌错版
直径：39 毫米
XF

直径：39 毫米
MS 64+

银的历程——从银两到银元

江南省造光绪元宝库平七钱二分银币

直径：39 毫米
MS 66

己亥江南省造光绪元宝库平七钱二分银币

直径：39 毫米
MS62

庚子江南省造光绪元宝库平七钱二分银币

直径：39 毫米
MS 66

辛丑江南省造光绪元宝库平七钱二分银币

直径：39 毫米
AU 58

直径：39 毫米
MS 63

壬寅江南省造光绪元宝库平七钱二分银币

直径：39 毫米
MS 63

直径：39 毫米
MS 62

癸卯江南省造光绪元宝库平七钱二分银币

直径：39 毫米
MS 62

甲辰江南省造光绪元宝库平七钱二分银币

直径：39 毫米
MS 61

直径：39 毫米
癸卯龙 MS 62

直径：39 毫米
MS 65

从两到元　清　银币

乙巳江南省造光绪元宝库平七钱二分银币

直径：39 毫米
MS 62

浙江

浙江省造光绪元宝库平七钱二分银币铜样

直径：38.5 毫米
SP62

光绪二十四年（1898），浙江省委托英国伯明罕喜敦造币厂代制银币一套。面值有七钱二分、一钱四分四厘、七分二厘和三分六厘等四种。钱文光绪元宝的"宝"字从"缶"。该套币正背面文字、图案是上下倒置的，符合英国造币的习惯。

浙江省造光绪元宝库平七钱二分银币

直径：38.5 毫米
MS 64

光绪二十五年（1899）正月二十六日，浙江巡抚廖寿丰就浙省购机设厂鼓铸银元一事向清廷呈奏："……择省城报国寺前空旷官地建造局厂，一面订购德国铸造大小银元机器全副，并延雇熟谙洋匠分别指授。现在局厂工竣，购到机器一律装配齐全，臣与潘司参酌粤章，另设各厂要以得人而理为第一要义，逐加遴选向来办事谨慎、廉洁自爱各员，常川驻局分任其事，仍选派知府一员为该局坐办，由潘司会同防军局督率稽查，以总其成。拟即择日开铸，共铸大小银元五种，校准成色分两，不得丝毫出入，钱系以浙江省造字样。"浙江自行制造的银元大小有五种面值，分别是库平七钱二分、三钱六分、一钱四分四厘、七分二厘和三分六厘等。币文"光绪元宝"的"宝"字从"尔"。币文魏碑体系出自浙江书法家陶心云之手。

四川省造光绪元宝库平七钱二分银币

　　四川总督鹿传霖于光绪二十二年（1896）向清廷奏准创办银元局，向成都道库借银十一万五千五百余两，藩库借银三千两作为开办经费，在机器局内兴建厂房，并向英国订购造币机器，二十四年（1898）六月，厂房落成。英国造币技师艾文澜、强必尔送机器来到四川。铸造了库平七钱二分、三钱六分、一钱四分四厘、七分二厘和三分六厘五种面值银币。

点绪
直径：38.5 毫米
UNC

大头龙
直径：38.5 毫米
UNC

直径：38.5 毫米
MS65

四川省造宣统元宝七钱二分银币

直径：38 毫米
MS 63

湖南

湖南省造光绪元宝库平三钱六分银币

直径：33 毫米
SP63

光绪二十四年（1898），湖南省向英国喜敦造币厂订购全套造币机器，并委托喜敦厂代制了湖南省造光绪元宝七钱二分、三钱六分两种试样币。而一钱四分四厘、七分二厘则是湖南省造币厂自行制造的。这批银币制造发行不久，湖南造币厂奉旨停产。

湖南省造光绪元宝库平一钱四分四厘银币

直径：23 毫米
MS65

云南省造光绪元宝库平七钱二分银币

老云南
直径：38 毫米
MS63

新云南
直径：38 毫米
MS 65

　　光绪三十三年（1907）二月，云南造币厂落成。六月奉
度支部令，更名为"度支部云南造币分厂"，十二月开始制造
银币，兼造铜元。俗称"老云南"的光绪银币是云南分厂制
造的第一套龙洋，有七钱二分、三钱六分、一钱四分四厘 3 种
面值，成色最佳，流通最广。俗称"新云南"的光绪银币制造
于光绪三十四年（1908），又称为"细字小龙"。

云南省宣统元宝库平七钱二分银币

直径：38 毫米
MS 62

北洋

大清光绪二十二年北洋机器局造壹圆银币

直径：38 毫米
XF45

大清光绪二十三年北洋机器局造壹圆银币

直径：38 毫米
MS63

北洋机器局设天津，分东西两处。东局在城东十八里贾家沽道，以生产火药为主。西局在城南三里海光寺，以制造枪炮军械为主。光绪十三年（1887），李鸿章从北洋机器东局内分出一部分机器设备，成立北洋机器铸钱局。北洋机器局制造的银币有其独特的风格，以元、角为记值单位；正面文字分为三层，里层为面值，中间为满文，有 13 个字；外层为汉字，有 14 个字，意思相同，即"大清光绪某年北洋机器局造"。因汉字"二十"在满文中是一个字，读作"念（niàn）"，故此。光绪二十二、二十三、二十四年北洋银币都是采用这种样式。

大清光绪二十四年北洋机器局造壹圆银币

直径：38 毫米
MS64

北洋造光绪元宝库平七钱二分银币

二十五年
直径：38 毫米
MS63

二十六年
直径：38 毫米
MS64

二十九年
直径：38 毫米
MS63

银
的
历
程
—
从
银
两
到
银
元

二十九年 艺术字
直径：38 毫米
MS65

三十三年
直径：38 毫米
MS64

三十四年 开云版
直径：38 毫米
MS66

三十四年
直径：38 毫米
MS 66

北洋光绪元宝库平一两银币

　　光绪三十三年（1907），为响应银两制而试制了库平一两
银币，其式样与光绪二十九年（1903）户部一两银币相同，只
是在币上铃有"北洋"字样。

直径：42 毫米
重量：36.5 克

直径：39毫米
MS 63

　　盛京将军依克唐阿于光绪二十一年十二月十八日奏请朝廷奉天拟购机设局铸造银元，光绪二十二年（1896）七月十五日机器局开工，二十三年（1897）五月底竣工。六月初开炉试铸。奉天机器局首次发行银币是在光绪二十四年（1898）制造的，以元角为货币单位，分别是一元、五角、二角和一角。形制模仿北洋机器局银币。光绪二十五年（1899）制造一元、五角、半角三种银币。光绪二十九年（1903）奉天机器局改建为奉天造币厂，银币式样改成龙洋式样。

大清光绪二十五年奉天机器局造一圆银币

直径：38毫米
UNC

直径：38毫米
MS64

癸卯奉天省造光绪元宝库平七钱二分银币

奉宝

直径：39 毫米

MS 63

宝奉

直径：39 毫米

MS 64

东三省

东三省造光绪元宝库平七钱二分银币

直径：39 毫米

AU 58

　　光绪三十三年（1907）度支部造币津厂代东三省（即吉林、奉天、黑龙江）制造。面值有库平七钱二分、三钱六分、一钱四分四厘和七分二厘四种。

吉林

吉林省造光绪元宝库平七钱二分银币

吉林省于光绪二十二年(1896)十一月添购造币机器,开始制造龙洋。光绪三十四年(1908)奉旨停止,历时十二年。所产龙洋数量甚多,花样版别多种多样,堪称全国之首。光绪二十五年(1899)开始,在银币上标注有干支纪年。

直径: 38 毫米
MS 63

己亥吉林省造光绪元宝库平七钱二分银币

直径: 38 毫米
MS 61

庚子吉林省造光绪元宝库平七钱二分银币

直径: 38 毫米
AU58

庚子吉林省造光绪元宝库平七钱二分银币

直径：38 毫米
MS 64

辛丑吉林省造光绪元宝库平七钱二分银币

直径：38 毫米
MS 61

壬寅吉林省造光绪元宝库平七钱二分银币

直径：38 毫米
MS 64

癸卯吉林省造光绪元宝库平七钱二分银币

直径：38 毫米
MS 62

甲辰吉林省造光绪元宝库平七钱二分银币

直径：38 毫米
MS 62

乙巳吉林省造光绪元宝库平七钱二分银币

直径：38 毫米
MS 62

直径：38 毫米
MS 64

丙午吉林省造光绪元宝库平七钱二分银币

直径：38 毫米

MS 63+

丁未吉林省造光绪元宝库平七钱二分银币

直径：38 毫米

AU

戊申吉林省造光绪元宝库平七钱二分银币

直径：38 毫米

MS64

新疆

光绪银圆三钱银币

　　光绪十五年（1889）间，新疆巡抚魏光焘探听到库车有维吾尔族匠人精通机器铸币，欲模仿东南各省之行使的洋银，便派人将此匠人找来，并委潘库大使刘承泽在迪化督工铸造银圆。于光绪十六年（1890）开铸，该银钱正面钤满、汉、回3种文字，背钤龙图，面值有五钱、三钱、二钱三种。

直径：34 毫米
XF 40

喀什大清银币湘平一两银币

　　光绪三十一年（1905），喀什根据户部明定库平壹两银币为本位币的规定，开始铸造了一两银币，该银币是光绪三十三年（1907）制造的。正面中央钤汉字"大清银币"，外围上下分钤汉文"喀什"及"湘平一两"，左右分钤察合台文（汉译"一两、回历1325年"）及"喀什噶尔造"；背面中间钤蟠龙纹，左右分钤花枝纹。

直径：39 毫米
XF45

新疆饷银一两银币

直径：39 毫米
MS63+

新疆饷银一两银币

直径：39 毫米
正面回文 AU55

直径：39 毫米
反面回文 AU55

　　光绪三十三年（1907），新疆藩司王树楠在迪化城外水磨沟机器局内设银元局，开始铸造"饷银"银币。造币主要用于发放薪饷，故名"饷银"。面值有一两、五钱、四钱、二钱、一钱五种。正面钤币名"饷银"及面值；背面钤蟠龙图。有多种版别。辛亥革命之后停造。

西藏

西藏"桑冈郭母"银币

直径：35 毫米
MS62

直径：35 毫米
AU58+

　　宣统元年（1909）西藏拉萨扎什造币厂制造。该币开西藏机制币之先河。形制有两类：一类为正面中央钤八幅轮，外围八瓣莲内钤藏文铭文，汉译"甘丹颇章战胜四方"；背面方框中央钤喷焰宝珠及藏文，汉译"宣统元年一两"。另一类为正面中钤雪山藏獒图案，外环钤藏文"甘丹颇章战胜四方"；背面外缘钤扎西达杰吉祥如意图案。藏语"桑冈郭母"即"银元一两"。

中央造币厂

庚子京局制造光绪元宝库平七钱二分银币

直径：38 毫米

　　光绪二十六年（1900）北京银元局制造。"京局"即北京银元局，建立于光绪二十五年（1899），次年遭八国联军破坏。该局仅制造银币一套，未流通。面值有库平七钱二分、三钱六分、一钱四分四厘、七分二厘和三分六厘 5 种。正面中间铃满、汉文"光绪元宝"，外围上下分铃"京局制造"及币值，左右分铃干支年号"庚子"；背面中间铃蟠龙，上下分铃英文汉译"北京"及面值，左右分铃卷云纹饰，有原制与后制两种。当时的京局只制造了一钱四分四厘和七分二厘两种，造币厂被焚后，有个员工抢出四种钢模和几枚一钱四分四厘、七分二厘币。后来这个员工将其带到天津出售给方若，方若又将钢模和银币转让给上海的陈仁涛，陈曾将钢模借给环球钱币社的王守谦，王用钢模私自制造了七钱二分、三钱六分和三分六厘三种。该币是原模打制的后制币。

光绪二十九年户部光绪元宝库平一两银币

样币
直径：43 毫米
SP62

　　光绪二十九年（1903）三月二十五日上谕在京师设立银钱总厂："从来立国之道端在理财用人，方今时局艰难，财用匮乏，国与民交受其病。是非通盘筹画，因时制宜，安望财政日有起色。著派庆亲王奕劻、翟鸿机会同户部认真整顿，将一切应办事宜，悉心经理。即如各省所用银钱，式样各殊，平色不一，最为商民之累。自应明定画一银式，于京师设立铸造银钱总厂。侯新式银钱铸成足敷颁行后，所有完纳钱粮、关税、厘捐、一切公款，均专用此项银钱，使补平、申水等弊扫除净尽。"接着户部遵旨特设财政处专门整理财政和着手解决币制混乱问题。在天津勘察地形，营建厂房，并向天津瑞记洋行定购美国常生造币厂新式制造银铜元机器全套。该银币是天津户部造币总厂建立后制造的第一套银币，币值采用银两制，分有一两、五钱、二钱、一钱、五分五种。

丙午户部"中"壹两大清银币

直径：40 毫米
MS65

　　光绪三十二年（1906）丙午天津造币总厂遵旨制造丙午大清银币，有一两、五钱、二钱和一钱四种面值。本拟通令全国各地仿造，但由于本位制尚未定论而作罢。此套银币有两种版别，一种为原制，另一种为原模后制。原制品币面平整光滑，后制品币面呈不规则粒状凸出，系铜模因年久锈蚀，经清洗后再造所致的。

丁未壹圆大清银币

直径：38 毫米
MS65

　　光绪三十三年（1907）丁未，天津造币总厂又仿造丙午纪重银币式样改制了一套纪值银币，面值为一元、五角、二角和一角 4 种，币面上方满文由左至右读作"光绪年造"。

造币总厂光绪元宝库平七钱二分银币

38 毫米
MS65

　　光绪三十四年（1908）造币总厂制造"光绪元宝"银币，上缘钤"造币总厂"，面值有七钱二分、一钱四分四厘和七分二厘三种。

宣统年造壹圆大清银币

38 毫米
MS65

　　宣统二年（1910），度支部奏定《币制则例》，规定国币以"元"为单位。天津造币总厂设计试制了一套纪值银币，面值有一元、五角、二角五分和一角四种。

宣统三年壹圆大清银币

普通版配长须龙
直径：38 毫米

直径：38 毫米
MS 64

反龙 样币
直径：38 毫米
SP63+

直径：38 毫米
MS64+

直径：38 毫米
曲须龙 DOLLAR . 版
MS64

五角
直径：32.5 毫米
MS65

　　宣统三年（1911），度支部为求币制统一，希望制造一种能代表大清国币的银元。为此，天津造币总厂特聘请外国雕模师来华帮助试制，制造了数种美观大方的龙图银币，供当局挑选。这就是宣统三年大清银币，有"长须龙"、"短须龙"、"曲须龙"、"反龙"和"大尾龙"等版别，其中"曲须龙"一种被定为国币，其余几种均为样版币。币上还钤有"L.GIRGI"英文签字，LUIGI.GIPRGI 即鲁尔智·乔治，意大利人，1910～1917 年间任天津造币总厂首席雕刻师。该种银币是乔治来华后的首作，另有五角、二角和一角三种辅币，无版别之分。

民国银币

中华民国黎元洪像开国纪念壹圆银币

戴帽
直径：38 毫米
MS64

无帽
直径：38 毫米
MS64+

　　黎元洪开国纪念币是民国元年（1912）制造的。是年一月三日，在中华民国临时副总统选举会上，黎元洪被选为临时副总统。不久，湖北武昌造币厂制造黎像开国纪念币，有戴帽和不戴帽两种版别。

中华民国孙中山像开国纪念壹圆银币

下五角星
直径：38 毫米
MS65

孙中山开国纪念币有两个版本，一是民国元年（1912）南京造币厂制造；二是民国十六年（1927）南京、天津、浙江、四川等造币厂再次制造。

上五角星
直径：38 毫米
MS65

直径：38 毫米
MS64

银
的
历
程
——
从
银
两
到
银
元

中华民国三年袁世凯七分脸像壹圆银币

直径：38 毫米
MS62

L.GIORGI 签字版
直径：38 毫米
MS61

中华民国三年袁世凯侧面像壹圆银币

L.GIORGI 签字版
直径：38 毫米
MS63

直径：38 毫米
MS66

　　民国三年（1914）二月，北洋政府为了整顿币制，划一银币，颁布《国币条例》十三条，决定恢复银本位制。《国币条例》规定："以库平纯银六钱四分八厘为价格之单位，定名曰圆"（第二条），"一圆银币，总重七钱二分，银八九铜十一"（第五条），"一圆银币用数无限制"（第六条）（即以一圆银币为无限法偿的本位货币）。根据这一规定，天津造币总厂及南京分厂于 1914 年 12 月及 1915 年 2 月先后制造袁世凯像壹圆银币，俗称"袁大头"，成色八九。由于该币整齐划一，商民乐用，很快占据了流通市场。之后一些地方造币厂也根据总厂颁模制造该币。袁像币面值有壹圆、五角、二角、一角和五分（镍质）五种。币面有外文"L.GIORGI"签字的属试样，传世极罕。袁世凯七分脸银币是初造品，也有签字版，但因袁世凯形象不佳，故未被采用。袁世凯侧面像银币在民国五年、八年、九年和十年都有制造。

中华民国八年袁世凯侧面像壹圆银币

直径：38 毫米
MS65

中华民国九年袁世凯侧面像壹圆银币

直径：38 毫米
MS64

中华民国十年袁世凯侧面像壹圆银币

直径：38 毫米
MS64

中华帝国袁世凯飞龙纪念银币

直径：38 毫米
MS66+

据原天津造币厂长李伯琦《中国纪念币考》一文回忆，袁世凯飞龙银币是民国八年（1919）天津造币厂中学习雕版的艺徒临摹洪宪十元金币背面图案刻成币模自行制造的，而非正式发行的纪念币。

中华民国袁世凯共和纪念壹圆银币

厚版
直径：38 毫米
MS65

L.GIORGI 签字版
直径：38 毫米
MS63

　　袁世凯共和纪念币是民国三年（1914）天津造币厂制造的。正面铃袁世凯半身正面像。根据制作工艺的不同分为粗版和细版。另有"签字版"，在袁像右侧刻"L.GIORGI"的签名。

中华民国十年徐世昌纪念银币

直径：38 毫米
MS65

　　民国十年（1921）天津造币厂为纪念当时任中华民国大总统徐世昌六十寿辰而制造的。正面铃徐世昌半身像；背面中央铃居仁堂外景及"仁寿同登"吉语，外围上铃中华民国十年九月"，下铃"纪念币"。

中华民国十二年龙凤壹圆银币

大字版
直径：38 毫米
MS66

小字版
直径：38 毫米
MS64

民国十二年（1923）天津造币厂制造了一种采用龙凤图案的新币，但由于图案带有帝王色彩而被否定，有大字版、小字版之分。

中华民国段祺瑞和平执政纪念银币

直径：38 毫米
MS66

　　民国十三年（1924）天津造币厂为纪念段祺瑞出任中华
民国临时执政所造的。正面铃段祺瑞正面像及"中华民国执
政纪念币"字样，背面中央铃"和平"二字及嘉禾图案。

中华民国曹锟宪法成立纪念银币

直径：38 毫米
MS65

直径：38 毫米
MS65

中华民国十五年张作霖海陆军大元帅纪念银币

直径：38 毫米

SP62

　　民国十三年（1924）张作霖出兵打败直系军阀后，控制
北洋军阀政府，民国十五年（1926）称安国军总司令。这期
间天津造币厂制造了几种张作霖纪念银币以示纪念。该银
币系民国十五年（1926）制造的。面值壹圆。正面铃奉系军
阀张作霖戎装半身像，上端铃"陆海军大元帅"字样；背面中
央铃"纪念"二字及旭日嘉禾图案，外围上下分铃"中华民国
十五年"及英文面值，左右分铃花星。

中华民国十六年孙中山陵墓壹圆银币

直径：38 毫米
MS65

民国十六年(1927)造的孙中山陵园纪念币是为纪念中
山陵落成而制造的，币模由奥地利造币厂代制，面值仅壹圆
1 种。仅制四百枚，当馈赠之用。

中华民国十七年张作霖大元帅纪念壹圆银币

直径：38 毫米

中华民国十八年孙中山像地球双旗壹圆银币

直径：38.5 毫米

UNC

　　民国十八年（1929）中央造币厂制造。面值仅壹圆 1 种，系试铸样币。正面钤孙中山半身像，上端钤"中华民国十八年"；背面钤地球双旗图案，上下分钤英文汉译"中华民国"及面值。

银的历程——从银两到银元

中华民国十八年孙中山像帆船壹圆银币

意大利版 签字版
直径：38 毫米
SP 62

　　民国十八年（1929）国民党政府委托奥地利、美国、意大利、英国、日本等五国造币厂代刻币模。其中奥地利所制的有壹圆、半圆、二角和一角四种面值，其余仅壹圆面值，由杭州造币厂制造。正面钤孙中山侧面头像，上端钤“中华民国十八年”；背面钤三桅帆船、面值及罗马造币厂的厂记“R”

中华民国十八年孙中山像帆船壹圆银币

意大利版
直径：38 毫米
SP62

奥地利版
直径：38 毫米
SP64

英国版
直径：38 毫米
SP63

中华民国二十一年孙中山像帆船金本位币壹圆银币铜样

直径：38 毫米
SP63 BN

　　民国十八年（1929）国民党政府重金聘请美国币制专家甘尔末（E.W.KEMMERER）及其他十二位财政经济专家来华，组成中国财政设计委员会，研究设计中国的币制。第二年，该委员会提出中国逐渐采用金本位制法草案。民国二十年（1931）国民党政府拟采用这项草案，并向美国费城造币厂定制金本位币币模。二十一年（1932），当金本位币模送抵中国后，上海的中央造币厂试制金本位样币，该币系红铜样币。

中华民国二十一年孙中山像三鸟帆船壹圆银币

直径：38 毫米
MS65

中华民国二十二年孙中山像帆船壹圆银币

直径：38 毫米
MS65

中华民国二十三年孙中山像帆船壹圆银币

直径：38 毫米
MS66

中华民国二十五年孙中山像帆船壹圆银币

大型
直径：31.5 毫米
SP AU

小型
直径：30 毫米
MS63

中华民国二十五年孙中山像古布壹圆银币

直径: 31.5 毫米
SP58

　　民国二十五年(1936)美国旧金山造币厂制造。1935 年国民党政府施行法币后,白银禁止使用,但是美国出于自身利益需要,要求中国扩大白银用途,增加中国货币准备金中白银比重,放宽工艺用银制度,重新制造银币。中国政府同意美国象征性制造银币 1000 万枚。面值有壹圆、中元两种。图案有帆船、古布两类,帆船币正面铃孙中山侧面头像及纪年,背面铃帆船图案及面值;古布币背面铃古布图案及面值。由于 1937 年中日战争爆发,这套银币并没有运到中国发行,后来被当做生银卖给了美国财政部。

272

银
的
历
程
——
从
银
两
到
银
元

中华民国元年四川军政府造四川汉字壹圆银币

直径：38毫米
MS64

　　民国元年（1912）四川造币厂由军政府管理。由于白银短缺，只得减色制造大汉银币，用于流通。

洪宪元年湖南中华银币壹角银币

直径：18毫米
MS65

　　民国五年（1916）袁世凯称帝，改元洪宪。湖南都督汤芗铭为讨好袁世凯，事先命湖南铜元局制造洪宪开国纪念壹角银币，其正面钱文"中华银币"，外圈铃"洪宪元年"、"开国纪念币"等字样。

中华民国十一年一月一日湖南省宪成立纪念银币

直径：38毫米
MS63

　　1922年1月1日，湘军总司令赵恒惕公布正式的"湖南省宪法"，并下令全省庆祝三日。为了庆祝该宪法的正式公布，湖南铜元局制造了纪念银币。该银币正面中央"三"，表示湘中、湘南、湘西之三湘，也表示民国11年1月1日省宪法成立纪念。

中国民国九年袁世凯像鄂造贰角银币

直径：23 毫米
UNC

民国成立后，原湖北造币厂收归鄂都督府管辖，民国三年（1914）划归财政部。民国九年（1920）曾制造成了少量"鄂造"袁世凯像贰角银币。

中华民国十七年贵州省政府造汽车壹圆银币

直径：38 毫米
AU58

民国十五至十七年（1926～1928）年间，周西成担任国民革命军第二十五军军长兼省主席，在省城贵阳南郊虹桥华家纸厂旧址建立贵州造币厂，委认韩原熙为造币厂厂长。并派员前往镇远搬运锅炉、引擎、压榨机等机器设备，召集省内的造币技术人员及工人。《贵州改进日报》民国十六年（1927）七月三十一日版报道："造币厂奉省政府命令，业派专员赴镇远搬运锅炉、引擎、压榨机等重要机件，不日即可分批运省。"1928年，贵州省道——贵阳至桐梓公路完工，周西成命造币厂制造5万枚汽车银币以资纪念。该币面值仅壹圆1种，成色79%，正面钤汽车的下方有草叶构成"西城"两字暗记。

中华民国三十八年贵州省造竹枝壹圆银币

直径：38 毫米
AU

民国三十八年（1949）夏，贵州省主席谷正伦利用周西成时期旧造币厂的机器设备组建"贵州造币厂"。并派贵州物产公司总经理朱万论前往广州，委托广州造币厂代制钢模，聘请技术工人，购置造币机器。于七月抵贵阳，由省府任命谢杰民为贵州造币厂厂长，同年制造了"竹枝银币"。

福建省造革命军北伐胜利纪念贰毫银币

直径：22 毫米

MS65

　　民国十六年（1927）北伐胜利，福建国民政府为庆贺革命北伐胜利，命漳州造币厂制造革命军北伐胜利纪念银币。面值贰毫，正面中央钤双旗图，背面中央钤斧头、镰刀、步枪、算盘、书本图案，寓工农商学兵团结革命之意。

中华民国唐继尧像拥护共和纪念库平三钱六分银币

直径：32 毫米

MS64

　　唐继尧侧面像银币是民国六年（1917）云南造币厂制造的初版银币。面值库平三钱六分。正面中间钤唐继尧头像，外围钤"军务院抚军长唐"；背面中央钤五角星、交叉之铁血十八星旗与五色旗，外围上下分钤"拥护共和纪念"及币值，左右分钤花星。

中华民国三十八年云南省造贰角银币

直径：23 毫米

MS62

　　民国三十八年（1949）云南造币厂制造。面值仅贰角一种，正面中间钤五瓣团花及币名，外围上下分钤地名及纪年；背面钤云南财政厅办公楼景观。

中华民国三年甘肃袁世凯像壹圆银币

直径：38毫米
XF45

　　清代甘肃省没有设立任何造币机构。民国建立后，在兰
州开始设立造币厂，是以铸造铜元为主，期间，兼铸银元，且
时断时续。民国十七年（1928）全国统一后便停铸。甘肃省
制造的银币很少，至今仅发现民国三年（1914）袁世凯侧面
像壹圆币和民国十七年孙中山像壹圆币两种。

中华民国十七年甘肃省造孙中山像壹圆银币

直径：38毫米
AU55

中华民国三十八年广西省造贰角银币

直径：23 毫米
MS64

　　民国三十八年（1949）国民党政府面临恶性通货膨胀，
被迫恢复银本位制度，广西省制造的此种银本位币。背面中
央钤广西桂林名胜——象鼻山。

中华民国三十八年新疆省造壹圆银币

直径：38 毫米
MS62

双 1949
直径：38 毫米
AU53

西藏"秀厄郭母"银币

直径：29 毫米
AU55

　　民国八年（1919）西藏扎西造币厂制造。正面八瓣莲中
钤藏獒及太阳，外围钤藏文，汉译"甘丹颇章战胜四方"；背
面八瓣莲中钤喷焰宝珠及藏文纪年、面值，外钤八吉祥徽。
面背边饰联珠纹。"秀厄郭母"汉译"五钱银币"。

一九三二年鄂豫皖苏维埃政府造壹圆银币

直径：38

AU 58

第二次国内革命战争时期鄂豫皖革命根据地银币。1932年鄂豫皖省苏维埃政府工农银行发行。由设在安徽省金家寨的工农银行造币厂制造。流通于鄂豫皖革命根据地。面值壹圆。正面中央钤"壹圆"面值，外围钤"鄂豫皖省苏维埃政府"及"工农银行一九三二年造"。背面中央钤地球、镰刀、斧头图案，外围钤"全世界无产阶级联合起来"字样。

一九三四年川陕省造币厂造壹圆银币

直径：38毫米

MS63

1933年12月川陕省苏维埃政府工农银行发行。由设在四川省通江城郊的川陕造币厂制造。流通于川陕革命根据地。面值壹圆。正面中央钤"壹圆"面值，外围钤"中华苏维埃共和国川陕省造币厂造"，左右分钤五角星；背面中央钤地球、镰刀、斧头图案，外围钤"全世界无产阶级联合起来"及"一九三四年"，左右分钤四瓣花星。

后记

"众人拾柴火焰高",由浙江省博物馆主办,中国钱币学会金银货币专业委员会协办的《银的历程——从银两到银元》大型历史白银货币精萃展,在众多收藏家会员的共同努力下,终于将在2016年1月15日在浙江省博物馆孤山馆区隆重开幕。

白银货币是中国历史货币中的瑰宝,是研究历代国家经济财政状况的直接见证物。由于其贵金属的特性,长期被贮之闺阁,尊贵而神秘。《银的历程》将向人们展示从中国古代白银是如何成为货币,如何从造型多样的银锭演变成整齐划一、以枚计值的机制银币的发展历程。此次展览是中国钱币学会金银货币专业委员会首次会员藏品精萃展,汇集了中国内地、台湾、香港、澳门等地区的三十多位藏家的530余件藏品,涵盖了从唐代到民国一千五百余年间的各色白银货币,其精品之佳、品种之丰、数量之多,前所未有,令人惊叹。

展览从策划、展品的征集和鉴定到展览图录编撰,历时半年。时间紧、任务重,期间一直得到了浙江省博物馆和中国钱币学会领导一如既往的关心和支持,得到了浙江省文物进出境鉴审办的大力帮助。由于展品来自两岸三地,送审鉴定和拍摄不仅受到了时间地点的限制,而且也牵涉许多部门和工作人员,假如没有大家的热情支持和帮助,很难在短期内完成这样的一个庞大而艰巨的任务。

展览图录由浙江省博物馆研究员李晓萍撰写,由浙江省文物研究所高级摄影师李永加拍摄,入选展品由浙江省文物鉴定委员会柴眩华、钟凤文、李晓萍委员担任鉴定。感谢肖志军、刘翔、方伟、陈正煌、李大维、王朝安、胡涛、王文彬、钱建强、虞友坤、靳稳战、尤晓晨、马伟、郭正忠、王强、李胜春、侯帅、王伟、张鹏、刘振荣、李浩、黄文军、王璐、王世勇、刘一政、陈业麟、胡军忠、林崇诚、陈立平、周共、归家麟、霍昭为、陆昕等30多位藏家热情支持和参与;感谢戴志强先生、金德平先生、周祥先生担任展览顾问;感谢刘翔先生不辞辛劳为图录校样和统筹;感谢林崇诚先生、王伟力先生为图录进行英文翻译和校对;感谢文物出版社许海意先生;感谢大晋浩天拍卖公司的支持;感谢顾明先生、刘健先生等所有参与策划、筹备展览的同仁和朋友。

由于图录编写时间仓促,一定还存在诸多不足,恳请广大同仁朋友指正。

编者

2015年12月25日

图书在版编目（CIP）数据

银的历程 ：从银两到银元 / 浙江省博物馆编 . ——
北京 ：文物出版社，2016.1
　　ISBN 978-7-5010-4491-7

　　Ⅰ . ①银… Ⅱ . ①浙… Ⅲ . ①银－货币史－中国
Ⅳ . ① F822.9

中国版本图书馆 CIP 数据核字 (2015) 第 317748 号

银的历程 —— 从银两到银元

编　　者：浙江省博物馆

责任编辑：许海意
责任印刷：张道奇
出版发行：文物出版社
社　　址：北京市东直门内北小街 2 号楼
邮政编码：100007
网　　址：http://www.wenwu.com
邮　　箱：web@wenwu.com
经　　销：新华书店
印　　刷：北京盛通印刷股份有限公司
开　　本：889 × 1194　1/16
印　　张：17.5
版　　次：2015 年 12 月第 1 版
印　　次：2015 年 12 月第 1 次印刷
书　　号：ISBN978-7-5010-4491-7
定　　价：380.00 元